FÚTBOL PARA PADRES

CÓMO FORMAR A TU HIJO PARA LA VIDA A TRAVÉS DEL DEPORTE

LAS 15 ENSEÑANZAS QUE APRENDÍ CON EL FÚTBOL

Álvaro Bracamonte Martins

ISBN: 9798840275450

ÁLVARO BRACAMONTE MARTINS

Ex jugador de fútbol, Licenciado en Educación Física, Deporte y Recreación de la Universidad de Carabobo (Venezuela). Es entrenador Nivel III de fútbol en España (Técnico Deportivo, Grado Superior), Escritor y Coach de Fútbol. Fue profesor del curso de entrenadores de la Asociación de Fútbol del Estado Carabobo - CEFUTBOL (FVF, Venezuela), también estuvo como profesor de clases complementarias en ACADEF (España). Ha trabajado durante muchos años con el fútbol formativo en distintas categorías y en equipos Semi Profesionales como parte de un cuerpo técnico. **Escritor de los libros «Entrenar para competir»: "Como competir con tu equipo entrenando 2 o 3 días a la semana". Y del libro: "Cómo aumentar tus probabilidades de ser futbolista profesional".** Formador personal en cursos online.

@alvarobram

@alvarofutboles

Índice

Introducción

¿Crees que la vida es fácil o piensas que es compleja? Todo depende, ¿no? **Cada persona tiene experiencias diferentes que le llevan a comportamientos distintos, según las circunstancias**. Lo que para uno es fácil, para otro es difícil. De lo que sí me he dado cuenta es que, a diferencia de lo que piensa la mayoría, los problemas que aparecen a lo largo de nuestra vida deben servir como un motor de impulso y no como una excusa para paralizarnos.

Escuché una charla de Tony Robbins en la que decía: «*El mayor problema que tiene la gente es que cree que no debe tener ninguno. Los problemas son el combustible para el crecimiento. Podrías llamarlo desafío; así suena mejor, lo entiendo. Pero cualquiera que no tenga problemas está totalmente dormido al volante y no tiene responsabilidad, ni construye nada*».

Siempre evitamos los problemas en todas las áreas de nuestras vidas. La mayoría de las veces, dejamos de hacer cosas creyendo que es la mejor forma de evitar cualquier conflicto o situación complicada que debamos resolver. Nos escondemos, lo posponemos o simplemente decidimos olvidarlo. En algunos casos, es una opción muy inteligente. Pero, **si pensar en el problema te impide realizar algo que deseas y que te puede suponer muchos beneficios, entonces te estás equivocando**.

Entiendo que, si no estamos acostumbrados a resolver diversas situaciones en nuestro día a día, todo lo que signifique salir de nuestra zona de confort nos hará pensar muchas veces antes de dar el paso final, pudiendo rechazar cualquier circunstancia por temor al fracaso. Ahora bien: si lo que vas a hacer es algo que dominas, o si el nuevo reto no parece tan difícil por la cantidad de vivencias que has tenido durante tu recorrido, ¿crees que te sería más fácil atreverte? Coincidimos en que sí.

Si tu hijo juega al fútbol como un método de formación para la vida, tendrá muchas experiencias que le podrán ayudar en diferentes circunstancias que se le presentan en su crecimiento, tanto en el ámbito personal como en el laboral. No dejará de tener miedo a los grandes retos y problemas que surjan, es inevitable. Lo que si te garantizo es que tendrá muchas herramientas que le ayudarán a tomar mejores decisiones y a confiar en él. Eso se transforma en más probabilidad de conseguir los objetivos que se plantee, evitando huir por el miedo.

Hay muchas formas de adquirir herramientas y recursos para la vida. Yo las conseguí gracias al fútbol. Nunca pensé que un deporte me ayudaría tanto. Ahora, después de haber vivido muchas etapas de emociones, sentimientos, esfuerzos, compromisos, tristezas, decepciones, amistades, lesiones, experiencias lejos de mi familia y sacrificios, reconozco que es lo mejor que me ha pasado hasta ahora para mi crecimiento personal y profesional.

Siempre tenemos cosas que nos marcan durante alguna etapa: amigos, familia, parejas, trabajo, etc. El fútbol para mí era algo más que una actividad deportiva: era una forma de vivir. No solo me enseñó que el deporte es algo especial, también me ayudó a resolver muchas circunstancias cotidianas por las experiencias y aprendizajes que me dio. Me di cuenta de que el fútbol también te prepara para la vida si lo enfocas de la manera adecuada. Es lo que quiero enseñarte con este libro, para que tú se lo puedas transmitir a tus hijos.

La primera vez que sentí la pasión por el fútbol fue a los 7 años. Mi familia no era muy deportista y mi madre decidió apuntarnos a natación a mi hermano y a mí. Decía que era importante que aprendiéramos a nadar porque en el futuro eso nos generaría mucha tranquilidad, y estoy de acuerdo con ella. Es necesario practicar natación en algún momento durante nuestra etapa de niñez para que, cuando seamos adultos, podamos disfrutar de piscinas y playas con la familia y los amigos. Además de las cosas positivas que nos brinda como deporte.

Aprendí a nadar de distintas formas. Llegué a competir. Y sí, era divertido, pero no era mi pasión. En el club donde hacía natación había un campo de fútbol al lado, solo que en los horarios en que nadaba no solía haber gente jugando. Un sábado, en una competencia de natación, me asomé al campo y estaban jugando un partido; un equipo vestido de amarillo/negro contra otro de color rojo.

Se trataban de chicos de aproximadamente 12 años, jugaban la final de una copa y recuerdo que llegaron a penaltis. Había terminado mi competencia y me quedé asomado en la valla que dividía el campo con la piscina. Presencié un gol en los últimos minutos del partido que dio lugar al empate, luego la tanda de penaltis y, por último, la celebración.

Había visto fútbol anteriormente, sobre todo por televisión. Pero nunca había vivido una experiencia similar a la celebración de ese día.

No puedo describir la emoción que sentí en ese momento al ver como los jugadores corrían a abrazarse para celebrar la remontada y la victoria del conjunto amarillo, el equipo del club. Los padres, que gritaban desde afuera emocionados, entraron a felicitar a sus hijos como si se tratase de la final de una Champions. En ese momento supe que quería jugar fútbol.

Llegué a casa, le pedí a mi mamá que me metiera en fútbol y me dijo: «o es fútbol o es natación». Yo le dije, «quiero jugar al fútbol». Total, ya había aprendido a nadar y no era algo que me apasionara. Y aunque se me daba muy bien competir y me gustaban los torneos de natación, fue una decisión fácil: después de presenciar aquel momento, tenía claro lo que quería.

Ahí empezó carrera como futbolista con casi 8 años. Un poco tarde para como suelen empezar en la actualidad muchos niños. Mi pasión por este deporte fue creciendo cada día, pues viví experiencias que me han ayudado a superar diversos obstáculos que se me han presentado. Debo admitir que quería ser jugador de fútbol profesional y lo intenté de muchas formas. Fue una etapa difícil porque desaproveché oportunidades. En ocasiones no estaba preparado para lo que debía enfrentarme; yo creía que sí. De eso también aprendí mucho.

Ahora soy entrenador de fútbol desde hace más de 11 años. Fui encargado de una escuela de fútbol durante 6 años, trabajando con muchos niños y padres, convocando reuniones, entendiendo qué quiere un papá o una mamá para su hijo o hija. Luego me vine a España y seguí trabajando en el mundo del fútbol formativo con niños de diferentes edades. Al mismo tiempo, estudié en Madrid varios cursos para ser entrenador.

Desde hace algunos años he entendido el fútbol desde otra perspectiva gracias a los conocimientos y las experiencias que he adquirido junto al entrenador Álvaro Gómez-Rey, así como con el cuerpo técnico y otros entrenadores. Estos cambios, además de mis aprendizajes formativos y personales durante tantos años, me han ayudado a reflexionar en lo que he aprendido con este deporte para resolver circunstancias personales.

Por otra parte, he logrado conectar con muchas personas en pensamientos, creencias y formas de transmitir conocimientos y valores con el deporte, enfocándolo en la vida. Entendí que muchos padres quieren que sus hijos sean buenos en lo que hacen, pero **lo que más quieren es que sus hijos aprendan cosas útiles para su crecimiento personal**.

Algunos creen que el deporte es simplemente una actividad para hacer ejercicios. Ese enfoque no está mal, pero no es lo único. Quiero ayudarte a complementar la idea, dándote un contexto para la vida a través de las distintas experiencias que puede tener tu hijo con el fútbol. En estos 15 capítulos te explicaré la formación y el crecimiento personal que he adquirido gracias a mi etapa como futbolista, con **todas las experiencias que se nos presentarán en este deporte similares a las de la vida**.

Si te dijera que el fútbol me ha enseñado más que el colegio y la universidad, ¿te parecería una exageración? Entiendo que es algo que no tendría mucho sentido si hemos sido criados con una enseñanza formal durante muchos años. Sin duda alguna, mi etapa como estudiante me ha ayudado en mi formación. **Pero el fútbol me ha dado un plus para la vida. Todo gracias al ENFOQUE, cosa que mencionaré mucho en el libro. Mi intención es que puedas usar el fútbol, o el deporte, como una forma de aprendizaje en conjunto con los estudios.**

CAPÍTULO 1

Qué injusta puede ser la vida

Sé que no parece un título muy alentador, pero sí es muy realista. ¿Qué es injusto para ti? Seguro que tu opinión coincide con la de muchas personas, aunque luego cada uno le da un enfoque diferente. Hablar de las injusticias que hay en el fútbol es muy relativo, ya que influyen muchos factores para determinar qué es injusto y qué no. Es una etiqueta que solemos poner cuando algo carece de sentido para nosotros. Y es tan diferente la injusticia para cada persona que, en muchos casos, no somos objetivos por el enfoque que decidimos darle. Lo mismo pasa en la vida.

Cuando juegas fútbol durante tanto tiempo entiendes que hay muchos factores que no podemos controlar y hacen que sucedan cosas aparentemente injustas, como las decisiones arbitrales; es en lo que todos pensamos cuando hablamos de injusticias en el fútbol. Existen otros factores como los rivales, el clima, los entrenadores y los padres, entre otros.

Los rivales pueden tener conductas antideportivas que nos molesten o incomoden, y el clima puede condicionar la oportunidad de ganar una liga, una copa o un partido. El resultado final no siempre refleja que un equipo haya merecido más que el otro. Los entrenadores influyen de manera positiva o negativa en el rendimiento del jugador. Los padres pueden influir también de ambas formas en su hijo, y eso se refleja en rendimiento o esfuerzo.

Trabajé durante muchos años como entrenador de fútbol base y director de una escuela de fútbol, donde vi muchas conductas negativas de padres con sus hijos mientras juegan. Para mí eso también es injusto. Padres que exigen a sus hijos que hagan cosas en el campo que no están preparados para hacer, o que metan gol, o que corran más, o que quiten el balón, etc. Y el niño solo quiere divertirse. Ya tiene un entrenador que le guía, pero hay padres que quieren más. Dejan de pensar en lo que el niño quiere para pensar en lo que desean ellos.

Como expliqué al inicio, las injusticias son relativas. Sin embargo, como jugadores, habrá muchas cosas que nos parecerán injustas y que nos limitarán o condicionarán lo que hagamos. Debemos afrontarlas de forma positiva, porque en algunos casos no podremos hacer nada para modificarlo. En otros podemos cambiar la dinámica si lo enfocamos de la manera correcta. Y en otros simplemente tomaremos decisiones producto de la emoción que a veces podrán beneficiarnos o perjudicarnos. Todo un aprendizaje para la vida.

Tu hijo podría entrenar muchas horas con constancia y responsabilidad; aun así, el entrenador puede preferir poner a otro jugador antes que a él. Quizá sus compañeros no le pasen el balón en muchas oportunidades, o tal vez lo critiquen por perderlo en algunas jugadas. Tendrá que aceptar las decisiones arbitrales. Los árbitros se equivocarán, lo que en muchas ocasiones afectará al jugador o al equipo en general: recibirá patadas que no pitarán, castigarán a su equipo con algún penalti donde el rival se ha tirado para engañar al árbitro, etc.

Tu hijo debe afrontar esas situaciones. Lo bueno es que no estará solo y podrá ver cómo actúan sus compañeros, su entrenador y sus padres. **Esa conducta la imita, la interioriza y la aprende. Por eso es tan importante que el enfoque que le des sea el correcto**. Sucederán muchas cosas «injustas» según la forma en que enfocamos las circunstancias.

Si hablamos de los árbitros, en la mayoría de los casos quieren ser lo más justos posible, pitando lo que ven y lo que les parece correcto. Lo que pasa es que, cuando hay una acción dudosa, unas veces la pitan y otras no. Deben estar atentos a muchas cosas de su alrededor y se pierden detalles del juego. Son humanos. E incluso una misma acción tiene diferentes interpretaciones. Para algunos no es justo y para otros no hay duda de que es correcto. Qué complejo, ¿no?

Tu hijo no solo deberá lidiar con eso. También tendrá que aceptar derrotas en partidos en los que merecía ganar. Fallará goles, podrá llegar a meter un autogol (siendo niños sucede a menudo) o, si es portero, le harán un gol muy fácil que puede ser importante para un partido. Hay días en los que las cosas no saldrán como se esperaba, y en esto no tiene nada que ver el árbitro. En la mayoría de los casos los niños buscan culpables para justificar lo ocurrido y los padres alimentan esa idea. Esta es una enseñanza negativa.

¿Y qué decir de los rivales? Habrá alguno que dé muchas patadas en el campo. Hay entrenadores que fomentan el «juego duro» en los niños o jóvenes. Tu hijo podría sentir algo de miedo, incomodidad o impotencia al vivir esa sensación. Otros jugadores harán cosas para engañar a los árbitros, consiguiendo su objetivo y perjudicando al equipo de tu hijo. Y lo peor de todo: hará que pierda su concentración en el juego, pudiendo generar una conducta antideportiva condicionada por lo que para él ha sido injusto.

En ocasiones, las cosas negativas que suceden en el fútbol pueden provocarnos una emoción que nos lleve a tomar decisiones erróneas por la adrenalina o la molestia. Esa situación la he vivido como jugador muchas veces, y como entrenador con muchos niños y padres. Si lo piensas bien, no es muy diferente a las cosas que nos pueden suceder en nuestro día a día. Solo tienen otro enfoque.

Ahora que te he comentado el lado fuerte del fútbol, podrías pensar que este deporte tiene muchas cosas que pueden ser negativas para tu hijo. No obstante, no quiero que te quedes con esa idea. Te he hablado de algunas situaciones que quizás se puedan presentar y otras a las que estoy seguro de que se enfrentará. El fútbol tiene cosas muy bonitas, pero ya hemos dicho que en la vida no podemos evitar todos los problemas. Surgirán en cualquier ámbito personal o profesional.

Tu hijo debe aprender a afrontar diversas situaciones a medida que va siendo consciente de lo que es justo o injusto bajo su perspectiva. Muchas veces algo no le parecerá justo porque su ego le impedirá ser objetivo. Eso es normal en niños, jóvenes e incluso en adultos. Lo más importante a tener en cuenta es que **nosotros podemos ayudarles en ese aprendizaje y enfocarlo para la vida.**

El fútbol no es muy diferente de todo lo que sucede fuera de este deporte. Como adultos también hemos vivido muchas injusticias bajo nuestra perspectiva. A nivel laboral algunos hemos perdido trabajos en los que creíamos que merecíamos estar, o han contratado o ascendido a otras personas antes que a nosotros, o le dieron el trabajo a un amigo tuyo y a ti no.

Igual que los partidos de fútbol, la vida también tiene fases en las que otros toman decisiones que no podemos controlar. Hacemos todo lo que depende de nosotros, pero hay cosas en las que no podemos intervenir por muy injusto que parezca. Y podemos enfocarnos en esa emoción negativa, reclamar y molestarnos por la injusticia o seguir el partido de la vida, buscando nuevas oportunidades y haciendo las cosas lo mejor posible.

A nivel personal también tendremos dificultades; tú y yo ya las hemos vivido. Seguramente nos queden algunas más por resolver. Los amigos no siempre serán personas de confianza. Perderemos algunos en el camino por circunstancias, otros no estarán cuando más los necesitamos o resultará que solo nos querían por interés. Serán como esos compañeros de fútbol que celebran la victoria contigo, pero luego te juzgan o no te pasan el balón.

En muchas ocasiones tuve amigos pasajeros, personas que creía que estarían mucho tiempo en mi vida y, por circunstancias a veces poco agradables, acabamos alejándonos. Después de tener tantos compañeros de fútbol de diferentes personalidades, tras celebrar victorias, copas y títulos o llorar por no conseguir mis objetivos, entendí que no debo centrarme en las personas que ya no están a mi lado, sino en el presente y en mis decisiones.

Cuando hemos vivido estas circunstancias con el fútbol, **entendemos que eso es parte de la vida y dejamos de enfocar las energías en esas personas que no aportan nada positivo**. Los que ya no pertenecen a nuestro entorno por alguna razón son como esos compañeros pasajeros del fútbol. Quizá vuelvas a encontrarte con ellos, pero será en otras circunstancias.

No digo que no se pueda tener un amigo de toda la vida con el que hables cada cierto tiempo. Lo que quiero decir es que debes aprender a centrarte en tu momento actual, en las personas que están a tu alrededor y que te aportan valor o energía positiva. Lo ideal sería no quedarnos pensando en lo duro que ha sido perder o alejarnos de otros, aunque entiendo que a veces es difícil. Sin embargo, **si lo vivimos de muchas formas con el fútbol y lo afrontamos de joven, es más fácil responder positivamente a estas situaciones siendo adultos**.

Por otra parte, creo que una de las cosas más difíciles de la vida es cuando no conseguimos lo que queremos tras esforzarnos mucho por ello. Nos enseñan que, si nos esforzamos mucho en algo, podemos conseguir cualquier cosa en nuestras vidas. Pero, como ya hemos hablado, la vida no es siempre justa. Más adelante profundizaré en esta idea.

El punto es que puedes fallar diez ocasiones claras de gol, un penalti, pegar el balón al palo cinco veces y aun así perder 1 a 0 y quedar eliminado de un torneo. La vida tiene momentos duros en los que, por mucho esfuerzo que hagas, otro se llevará el premio que tú merecías. Es injusto, lo sé. Así es el fútbol y la vida. Sin embargo, haber vivido situaciones como estas nos permite recuperarnos más rápido de nuestras decepciones y centrarnos nuevamente en algo que nos ilusione.

Lo he experimentado en muchas ocasiones. He tropezado, he perdido oportunidades, pero no me he quedado lamentando. He conseguido muchas otras posteriormente. De vez en cuando recuerdo en todas esas emociones tristes que me dio el fútbol, cuando creía que había perdido injustamente partidos importantes de mi día a día. Con el tiempo entendí que el partido más importante no era ese: solo me estaba preparando para el verdadero juego de la vida.

Enseña a tu hijo a entender, con el fútbol, **que las injusticias siempre nos ocurrirán. Por lo tanto, no debemos enfocar nuestras energías en situaciones que no podemos modificar**. No hagas lo contrario, buscando culpables para hacerle sentir mejor respecto a una emoción surgida en un partido. Es difícil no justificarnos de alguna forma cuando algo no sucede como queremos. Encontrar excusas es la mejor manera de olvidar todo lo que se pudo haber mejorado, pero no es la solución a los problemas.

¿El árbitro ha sido injusto desde la perspectiva de tu hijo? Enséñale que esa es una circunstancia que tendrá que vivir muchas veces. Usa ejemplos que le permitan entender que el árbitro es como el líder de un negocio: se puede equivocar en algo y no dejará de ser el jefe, ni puedes irte en contra de él porque acabarás perdiendo el trabajo. Tu hijo debe entender, aunque le parezca injusto, que no puede hacer nada para cambiar algunas circunstancias. Tiene que enfocar su energía en lo que sí depende de él.

¿Que algún compañero no le pasa el balón a tu hijo? Enséñale que esas personas se las encontrará muchas veces en la vida, que no querrán ayudarle y que le van a ignorar cuando más necesite. Debe buscar una solución, ya sea hablando con ellos de forma inteligente, encontrando compañeros con los que aliarse, hablando con el entrenador si eso le genera un problema, etc. Es difícil, lo sé. Un niño suele centrar sus energías en cosas que le afectan. No se trata de que no le afecte, sino de enseñarles a buscar soluciones, alternativas o a no darle importancia.

¿Que no logra ganar un partido o un campeonato que quería? ¿O que merecían ganar y no pudieron? Explícale que eso nos ha pasado a todos en diferentes circunstancias. Que, si bien entiendes que esté triste o llorando, no debe quedarse así porque no será la primera ni la última vez que le pase. Enséñale a pensar en lo que viene después, en lo que debe hacer al día siguiente para tener un nuevo objetivo y extraer algún aprendizaje de lo que no consiguió. Enséñale que en la vida no siempre se gana, pero que no debe dejar de intentarlo.

La probabilidad de que tu hijo sea jugador de fútbol profesional es muy baja. Así pues, enséñale cosas que le sirvan de aprendizaje para la vida y que en un futuro le ayuden a actuar de forma positiva en situaciones similares o diferentes. No le enseñes a buscar excusas y justificaciones con el deporte porque, aunque tengas razón, no siempre le ayudará a afrontar circunstancias difíciles. Enséñale a aceptar las cosas que le sucedan, a reconocer los fallos y a buscar un nuevo objetivo o una nueva estrategia.

CAPÍTULO 2

Las oportunidades del futuro

El deporte puede ser injusto en muchos momentos, como la vida. Sin embargo, una de las cosas más especiales de jugar al fútbol o de practicar cualquier deporte durante mucho tiempo, son las experiencias que te deja a lo largo del camino con muchas personas.

Desde niño juegas e interactúas con otros compañeros, tienes conflictos, alegrías, tristezas, etc. La mayoría de esas personas quizá no seguirán en nuestras vidas durante un tiempo prolongado. Aunque con las redes sociales es fácil tener contacto con quienes no has hablado desde hace más de 10 años, independientemente de dónde vivan.

Durante mi etapa formativa estuve en tres equipos diferentes. Veía a mis compañeros 3 días a la semana, luego 4 o hasta 5 días dependiendo de la categoría o el nivel en el que estuviera. Los ves más a menudo que a muchos familiares, en entrenamientos, cumpleaños, eventos deportivos y demás, así que es normal que existan tantos recuerdos positivos y alguno negativo. Muchos se vuelven como parte de una familia en esos momentos.

Y no solo se trata de cuánto los veía. En el fútbol, para poder ganar se debe trabajar en equipo y ayudar a cualquier compañero si es necesario.

Creas una unión y confianza con la mayoría porque, normalmente, estás dispuesto a hacer el trabajo de los demás si eso beneficia al grupo.

Imagínate crear ese vínculo de confianza cada año con un grupo de jugadores. Y después, con otros que llegan al equipo, o por el cambio de categoría, o porque tu hijo empieza en otro club. ¿Sabes qué puede significar esto al cabo de unos años? Contactos, oportunidades, ayudas, trabajo, amistades o incluso tener una familia.

Entiendo que, siendo niños, muchos no se acordarán de tu hijo en unos años, aunque otros seguirán el mismo camino más tiempo, teniendo contacto directo o siguiéndole por las redes sociales. Algún día, tu hijo se especializará en algo, y alguien podrá necesitar sus servicios. Es un círculo que puede acabar en una oportunidad o no, pero cuantos más contactos tengas, más probable será que surja. Así de simple.

Las redes sociales no eran tan importantes hace años. Ahora son indispensables para la sociedad. **El fútbol me ha traído muchas oportunidades en mi vida personal y profesional gracias a reencontrarme con personas por internet**. He conseguido trabajo, he hecho cursos, me han invitado a eventos, me han ayudado en momentos de necesidad y ahora comparto experiencias que me ayudan a crecer.

No hace falta estar 10 años en contacto con alguien para que se acuerden de las etapas y alegrías que vivisteis juntos. En muchas ocasiones necesité la ayuda de personas que estuvieron presentes en mi etapa de jugador y se hicieron profesionales en un área concreta: fisioterapeuta, doctor, abogado, preparador físico, nutricionista, psicólogo deportivo, carpintero, electricista, etcétera. Y después de mucho tiempo sin comunicación, las redes sociales nos volvieron a acercar.

Sin embargo, no todo es tan bonito con las amistades en el mundo del fútbol. Como en la vida, no les podemos caer bien a todos. Nuestra personalidad no se compagina con todo el mundo por los gustos y las aficiones, aunque jueguen en el mismo equipo. Eso también es un momento de aprendizaje, porque en cualquier sitio en que estemos puede que no le caigamos bien a alguien.

Qué difícil es cuando el mejor del equipo no te quiere pasar el balón porque no eres tan bueno como él. Eso es duro para un niño. O cuando el entrenador elige dos capitanes para que seleccionen a los integrantes de sus equipos en un mini partido y tú eres amigo de uno de ellos, pero no dice tu nombre mientras levantas la mano para que te vea. Sabes que te vio, pero te das cuenta de que simplemente es porque no eres tan bueno.

Al principio no lo entiendes, te extraña y te puedes sentir triste. Con el tiempo esas cosas ya no te afectan. Eso también nos enseña y nos prepara para la vida. **Aprendes muchísimo de todas las etapas porque tienes que lidiar emocionalmente con esas situaciones y aprender a resolverlas o ignorarlas para sentirte mejor.**

Yo no era de los mejores jugadores cuando empecé en el fútbol. Era defensa lateral en mi equipo y destacaba por lo que hacía a nivel defensivo. Mis amigos se llevaban bien conmigo porque me gustaba interactuar y jugar con ellos. No era el jugador más destacado con el balón y a veces no me lo pasaban. Con los años fui mejorando, empecé a destacar en muchas acciones y los mejores del equipo empezaron a tenerme en cuenta.

Después de ser jugador y entrenador de niños durante muchos años entendí que, para encontrar amistades a largo plazo en este mundo del fútbol, no hace falta ser el mejor del equipo. Lo importante es dar una imagen buena para ser recordados. Si tu hijo siempre llega tarde a los entrenamientos y partidos, no se esfuerza, no corre, no ayuda al resto de compañeros y encima no es bueno, lo recordarán de mala forma. Eso, en vez de abrir oportunidades, las puede cerrar.

Como padres debemos esforzarnos para que nuestro hijo cumpla con las mínimas expectativas (no son difíciles): ser puntual y constante, portarse como un buen compañero en el campo e integrarse. Eso le va a dar muchas oportunidades en el futuro. Y si le cuesta hablar con el grupo, ayúdale a hacerlo poco a poco. Ser puntual depende de los padres, al menos hasta cierta edad. Obviamente, hay cosas en las que no podemos intervenir: tiene que ser él quien se desenvuelva con el resto del grupo. Los niños suelen integrarse sin muchos problemas.

He tenido muchas experiencias como entrenador. Cada niño es diferente. No quisiera decir de qué forma se podrían integrar con el resto de compañeros porque es algo que depende de muchos factores. Solo mencionaré que, **si un niño tiene comunicación y confianza para expresarse en casa con la familia, la probabilidad de que haga lo mismo en el fútbol con sus compañeros es muy alta**. Si en cambio es tímido y no suele hablar mucho en casa, es difícil que lo haga en otro sitio. Eso puede y debe trabajarse en el hogar.

Si tu hijo se divierte, se integra y se lo pasa bien con el fútbol, conocerá muchos compañeros con los que debe crear ese vínculo en el campo. Algunos pasarán a ser compañeros puntuales en sus vidas y no serán recordados ni importantes. Otros, en cambio, podrán aparecer en cualquier momento y ayudarle en alguna etapa de su vida.

Aunque no solamente a ellos. Como padre o madre, también tendrás muchas oportunidades si tu hijo juega fútbol. Conocerás a otras personas porque habrá otros padres presentes en los partidos, y algún día podrías necesitar algo de ellos. **He conocido familias que han creado grandes amistades a través de personas que jugaron o juegan al fútbol con su hijo. Algunos han hecho negocios, otros organizan fiestas y se ayudan cuando necesitan**. Lo sé porque conozco muchas familias gracias a la escuela de fútbol que tuve durante 6 años.

Si entendemos que las amistades en el mundo del fútbol pueden ser oportunidades a largo plazo para nuestros hijos y para nosotros, podemos aprovecharlo ayudándoles a crear vínculos con sus compañeros. Un niño no va a pensar en el futuro; simplemente quiere disfrutar con sus amigos ahora, como tiene que ser. Nuestra misión es ayudarles en todo lo que está en nuestras manos. Así podrá disfrutar de este deporte y vincularse con sus compañeros de forma que sea recordado en un futuro.

Esto sucede en el fútbol, en cualquier otro deporte y en todas las etapas de nuestra vida. Cuando estudiamos o trabajamos, conocemos personas que luego pueden brindarnos una oportunidad. Por eso, el fútbol es simplemente algo adicional a todo lo que tu hijo podrá hacer en su vida y que le servirá para el futuro. La diferencia es que en este deporte participan muchos jugadores y tiene gran importancia en la sociedad. Acabas conociendo más personas que en muchos otros deportes, por simple estadística.

Estoy seguro de que tendré más oportunidades profesionales y personales en los próximos años gracias a personas que conocí durante mi etapa como futbolista o ahora como entrenador. **Si no hubiese jugado al fútbol desde joven y no hubiese conocido tantas personas en esta área, habría encontrado otras formas de resolver situaciones de mi vida como hacen todos. Pero no sé si lo haría con tanta facilidad y buenos momentos como se me han presentado gracias al deporte.**

CAPÍTULO 3
Las decisiones determinan el camino

Qué incertidumbre surge cuando nos piden elegir entre dos opciones que nos gustan, o bien dos opciones que no nos gustan. Puede ser horrible. Esa decisión puede cambiar alguna situación especial que tengamos, o determinar el resultado final de un proyecto. Peor aún: podría condicionar toda nuestra vida. Estamos rodeados de tomas de decisiones. No suelen ser complejas, según el enfoque que le demos y nuestras experiencias anteriores.

Cuando somos niños no nos dejan tomar muchas decisiones, porque no estamos preparados para asumir ciertas responsabilidades. A medida que crecemos, nos hacemos un poco más independientes en lo que hacemos y queremos. Así que estamos condicionados por nuestros padres, que nos guían en el crecimiento: nos compran la ropa, deciden a que colegio debemos ir o nos dicen cómo debemos comportarnos en cada circunstancia hasta que somos adultos.

Estamos bajo su responsabilidad y nos deben cuidar de la mejor manera que crean posible. No hay nada malo en ello: es la forma de guiarnos en nuestra formación. Sin embargo, por mi experiencia en más de 10 años trabajando con niños, muchas familias toman la decisión de casi el 95% de lo que hacen y olvidan que, en la formación de nuestros hijos, debemos enseñarles a tomar ciertas decisiones y asumir responsabilidades adaptadas a su edad.

La realidad es que tomamos constantemente decisiones en todo lo que hacemos, desde niños hasta adultos. Estas son las experiencias que nos permiten crecer en el ámbito personal y profesional. **Y cuanto antes nos preparemos para tomar decisiones, más fácil podemos afrontar las situaciones de nuestras vidas**.

La mayoría de los deportes obligan a tomar decisiones constantemente. En el fútbol se presentan en cada circunstancia, tanto con balón como sin balón. Cuando somos niños, el resultado de un partido es importante en nuestra mente. Queremos ganar. Nos duele perder un partido y más si ha sido por un error nuestro. Sin embargo, lo más especial es sentirnos libres durante ese tiempo, haciendo lo que nos gusta y tomando las decisiones que creemos convenientes en cada circunstancia.

Por supuesto, hay un entrenador que condiciona la toma de decisiones dentro del campo y debemos seguir las pautas que nos da. La diferencia es que él, normalmente, nos da cierta libertad para elegir qué hacer en las situaciones que se nos presentan. Nos guía en algunas cosas, pero la mayoría dependen de nosotros mismos.

Durante un partido, tenemos que pensar y decidir en poco tiempo cómo vamos a realizar ciertas acciones, usando las herramientas que hemos recibido en los entrenamientos y en función de los estímulos que percibimos. Y aunque también existan padres que nos digan qué hacer en el campo, porque no son capaces de dejarnos libertad ni en el deporte, jugando nos sentimos un poco más independientes que en nuestro hogar.

En el fútbol, las decisiones son diferentes a las que debemos tomar en nuestra vida. No suponen un gran riesgo, ya que es un deporte para disfrutar. **Las decisiones que tomamos en el campo nos sirven de aprendizaje, independientemente de que sean aciertos o fallos. Qué importante sería enseñar esto a nuestros hijos.**

No podemos comparar un error de fútbol con un error laboral o personal; está claro. Lo que sí podemos hacer es enseñarles que en la vida pueden ser capaces de tomar decisiones adaptadas a su edad, y asumir la responsabilidad o disfrutar de una decisión que benefició a su equipo o le hizo sentir bien de forma individual.

Eso es lo más parecido a lo que vivirán cuando crezcan. Van a tener que decidir lo que les gusta, lo que quieren y lo que hacen. Van a tener que decidir en circunstancias complicadas, condicionadas por otras personas. En el fútbol, éstos serían los rivales, el público, los padres y árbitros. Si han tomado decisiones durante un periodo de tiempo en situaciones simples y complejas del deporte, serán capaces de asumir más responsabilidades sin temor a fallar a medida que crezcan.

Esto es algo que nos condiciona mucho como seres humanos. Nos da miedo tomar decisiones por temor a equivocarnos y no lograr nuestros objetivos. Nadie nos prepara para lo que debemos decidir en la vida. Es tan impredecible lo que puede ocurrir durante tu crecimiento que no existe una varita mágica para resolver todas las situaciones de forma correcta. Lo bueno es que habrás fallado y acertado tantas veces en el fútbol que, en cierta medida, **tendrás la confianza de enfrentarte a situaciones sabiendo que puedes ganar o perder; intentándolo**.

Hace unos años tuve que tomar una decisión complicada. Empecé como entrenador de fútbol en un colegio en el 2012, cuando volví a Venezuela para hacer mis estudios universitarios. Empecé con aproximadamente 12 niños que nunca habían jugado fútbol. Al cabo de un tiempo acabé siendo el director y entrenador de la escuela de fútbol, con unos 160 jugadores de diferentes edades y compitiendo a nivel federado. Contrataba entrenadores y dirigía la organización.

Tras 6 años dirigiendo la escuela de fútbol, con muchas alegrías, emociones y experiencias, tuve que tomar la decisión de cerrarla y reubicar a los jugadores en otros clubes. El motivo es que acabé mis estudios universitarios, la situación del país no era favorable para la gestión del club que tenía que hacer, mi familia se había ido a Madrid y necesitaba nuevos retos.

Siempre tuve el objetivo de realizar mis estudios como entrenador de fútbol en España, y en un par de días decidí poner fin a proyecto de 6 años para perseguir mis sueños y objetivos. No fue fácil, debo admitirlo. Había trabajado mucho tiempo en todo lo que estaba a punto de dejar. Numerosos padres de los niños querían que siguiera con la escuela de fútbol y me mostraron su apoyo; eso fue muy gratificante y pensé mucho si era lo correcto.

Sin embargo, mis objetivos personales eran más importantes. No me arrepiento de mi decisión. Aprendí mucho en mi etapa como director de una escuela de fútbol, entrenando a niños de diversas edades y resolviendo muchas circunstancias que se presentaron en el camino.

Las decisiones que debemos tomar en nuestras vidas pueden ser positivas si miramos el enfoque correcto. Sobre todo si elegimos hacer lo que queremos y nos apasiona. En el camino me he equivocado, he tomado decisiones incorrectas y eso me ha enseñado muchas cosas. Siento que **todas las decisiones que tomé en mi infancia en el deporte me han dado seguridad para tomar decisiones, sin pensarlo tanto, en situaciones complejas que se me presentaron**.

Lo difícil de tomar una elección en nuestra vida es que podemos pasar mucho tiempo pensando en todo lo que nos puede ocurrir si tomamos una decisión incorrecta. Podemos pasar días o meses planteándonos situaciones sin hacer nada, perdiendo oportunidades por miedo a las posibles consecuencias u otros problemas que puedan surgir.

Cuando te acostumbras a tomar decisiones desde joven, te estás preparando personalmente para más situaciones vitales. Y, en los momentos en que debas tomar otras elecciones, tendrás más confianza. Una persona de este tipo decidirá con mayor facilidad que una persona que no haya vivido casi experiencias. Por eso es importante que los niños tengan esas vivencias, aunque sea a través del deporte.

Aunque no lo sabía, el fútbol me ha estado preparando para muchas situaciones de mi vida. He salido de mi zona de confort para atreverme a nuevos retos, empezando desde cero y siguiendo mi instinto. No te diré que el resultado siempre ha sido lo que esperaba, pero arriesgar me ha dado más cosas positivas que las que hubiese tenido sin haber tomado acción.

Debemos enfocar el deporte como método de enseñanza para que nuestros hijos empiecen a tomar decisiones, se equivoquen y aprendan. Estas traerán alegrías o tristezas; otras no serán importantes, aunque les enseñarán que son capaces de decidir, en ciertas circunstancias, lo que quieren hacer en lo que les gusta; asumiendo responsabilidades. Tampoco se trata de enseñarles a nuestros hijos a tomar todas las decisiones en su vida siendo pequeños. Dependiendo de la edad, la exigencia debe variar.

En la escuela también tomamos decisiones, pero están condicionadas en muchos aspectos por profesores, metodologías de enseñanza y nuestros padres. Nos suelen enseñar a memorizar un tema sin tomar ninguna decisión respecto a lo que queremos aprender. Repetimos patrones para grabar en nuestra mente los contenidos. Los estudios son importantes en nuestra formación, pero en la escuela pocas veces nos enseñan a tomar decisiones y a elegir qué queremos hacer para fomentar nuestra creatividad.

Demos libertad a nuestros hijos para que puedan desenvolverse en el deporte e intervengamos de forma inteligente cuando se les presenten situaciones complejas que no logren resolver, enseñándoles que es parte del aprendizaje para la vida. Da igual si se equivocan: lo bonito del deporte es que nos enseña que somos humanos y que seguiremos equivocándonos por muy buenos que seamos en algo. Esa enseñanza me parece determinante y hablaré de ello en el siguiente capítulo.

Cuando hablo de intervenir de forma inteligente me refiero a que, cuando tu hijo tome decisiones y se equivoque, debemos animarle a seguir intentándolo y a que no se preocupe tanto por el resultado de la acción. En ocasiones podemos explicarles algunos ejemplos en los que hemos sido nosotros quienes nos hemos equivocado al decidir, enseñándoles así que no todo sale como queremos aunque en nuestra mente parecía lo mejor. Ahora, **no intentarlo significa que nunca conoceremos el resultado final**.

Y cuando su decisión haya sido favorable para el equipo o le genere una emoción positiva, procuremos reforzar esa acción para que se sienta satisfecho por la decisión que tomó. Eso sí, no olvidemos explicarle que las buenas decisiones vienen de prepararnos para los distintos escenarios. En este caso con los entrenamientos y la práctica en general del fútbol.

Debemos hacerles ver que, a medida que mejoramos en algo, tomamos mejores decisiones porque tenemos más herramientas para resolver situaciones. Todo tiene su proceso, igual que en la vida. No podemos pretender responder a situaciones o hacer perfectamente cosas que apenas estamos aprendiendo.

Muchos deportes en general sirven para tomar decisiones, además de otros beneficios. He querido enfocar estas ideas en el fútbol porque es un área en la que acumulo más de 20 años de experiencia, y porque la pasión que genera en niños y jóvenes suele ser más grande que en otros deportes colectivos. No obstante, en todo deporte que requiera la toma de decisiones hay oportunidades de aprendizaje para la vida.

CAPÍTULO 4

Fallar es una oportunidad, no un problema

Tanto tú como yo hemos cometido errores que no quisiéramos que nuestros hijos repitieran; desde fallos tontos a otros más importantes. Es ley de vida: no queremos que vivan momentos negativos como los que hemos vivido nosotros. Aunque estoy seguro de que muchos errores te han enseñado a cómo responder a ciertas situaciones y te han hecho madurar como persona, ¿cierto?

Gran parte de nuestros aprendizajes vienen de errores que nos han hecho reflexionar y mejorar. Si no nos equivocamos, difícilmente aprenderemos. Se puede corregir de muchas maneras; no siempre debemos tomar malas decisiones para recibir un aprendizaje significativo. El problema es creer que equivocarnos está mal, y no siempre es así.

Los padres no quieren que sus hijos cometan tantos errores en su vida. Sobre todo, errores de los que se puedan arrepentir mucho tiempo, les generen un daño importante en la salud o bien estén mal vistos en la sociedad. Les protegen de su entorno y les enseñan lo que quieren para que el crecimiento sea lo más acorde a su filosofía de vida. Eso está bien. Debemos ser sus guías y protegerles de lo que conocemos sin abusar.

Por otra parte, en muchas ocasiones sobreprotegemos a los niños para que no se equivoquen en cosas simples o no cometan errores en muchas áreas. Tenemos miedo de que fallen. ¿Por qué cometer errores suele considerarse algo negativo? Si no tienen consecuencias graves, suelen ser grandes enseñanzas.

Debemos cuidar a nuestro hijo y protegerle de todo aquello ante lo que no esté preparado para actuar, ya sea de forma física o mental, sin olvidar que es necesario que cometa ciertos errores para aprender. **En el fútbol se presentan muchos estímulos a los que debemos responder constantemente y el aprendizaje también se adquiere con los errores que cometemos.**

Ese es el enfoque que debemos tener en cuanto a la perspectiva de que un hijo cometa errores o no; entendiendo la diferencia de edad y los riesgos en las decisiones. Nadie nos prepara para solventar situaciones o fallos que no esperábamos. Ahora bien, cuando te sucede, tomas acción, haces algo o piensas en lo que pudiste haber hecho. Ese aprendizaje es significativo y vale más que mil palabras.

No quiero decir que debamos permitirles a nuestros hijos que hagan lo que quieran sin pensar en las consecuencias; solo que tampoco debemos estar encima en todos los aspectos de su vida en los que él puede equivocarse de una forma sencilla y aprender. Hay diferentes niveles de errores, y está bien que intentemos controlar aquellos más importantes en los que ellos todavía no tienen la capacidad de razonar. Pero no todo lo que hacen.

Si controlamos todo lo que hace para que no se equivoque, nunca tendrá momentos de reflexión que le permitan cambiar algo. En la vida no todo es perfecto y pienso que, cuanto antes enseñemos a nuestros hijos que pueden equivocarse, afrontar sus errores y aprender de ellos, antes estarán preparados para superar las adversidades sin lamentarse tanto tiempo.

Si no cometemos errores en nuestras vidas, no aprenderemos a actuar en circunstancias similares en el futuro. Sobre todo, no aprendemos a controlar mejor las emociones, ya que no tenemos experiencia en fallar. **A veces es necesario cometer el mismo error más de una vez para darnos cuenta de que nos estábamos equivocando**. Esa frase de «no debemos tropezar con la misma piedra» no siempre es tan sencilla. Hay cosas en las que es difícil reflexionar si no estamos preparados mentalmente para eso.

El fútbol nos permite tener experiencias en las que nos equivocaremos y fallaremos en un momento importante del partido, debiendo afrontar esa emoción. Cometeremos errores, pues no estamos preparados para responder a todos los estímulos que habrá dentro del campo. Esa es la experiencia que un niño debe adquirir para perder el miedo a fallar.

En todo partido existe un equipo rival que condiciona cada acción que quiera hacer tu hijo y cada decisión que deba tomar. Un árbitro que influye en cierta parte del juego y que, en oportunidades, puede hacerle perder la concentración. Un entrenador que puede influir en las decisiones que quiere o debe tomar. Y un público que genera una emoción en él.

Equivocarse es muy fácil si pensamos que todos estos factores pueden influir en las decisiones que él tome dentro del campo. Pero el crecimiento personal que supone responder a todos estos estímulos y enfrentarse a los fallos como herramienta de aprendizaje le preparará para la vida.

Un mal pase, un autogol, un penalti fallado, un penalti cometido sin querer, una ocasión de gol fallada con la portería vacía... Son momentos de mucha tristeza en el fútbol si eres un niño. Más si esos errores influyen en el resultado del partido, porque tus compañeros te pueden hacer sentir aún peor por haber fallado.

Por mucho que digamos que el fútbol es formativo, todos los niños quieren ganar. Lo que menos quieren es que su equipo pierda o realizar alguno de los fallos anteriores, sintiéndose responsable. Se va a sentir mal. Son errores que puede cometer y no podrá cambiarlo en el momento, aunque sí le ayudará a mejorar. Tendrá que afrontar esa emoción por una decisión que tomó y seguir intentándolo.

Por mi parte, no estoy de acuerdo con los entrenadores o padres que les exigen resultados a niños en el fútbol base. Creo que es un grave error que cometen en la formación. Buscan ser los campeones de una liga o un torneo y, ¿cuántos campeones hay en la competición? Solo uno. Los que no quedaron campeones, ¿son unos fracasados? No, aunque ese parece el enfoque que le quiere dar la sociedad.

Lo que no se ve desde las gradas es que ya hay demasiada competencia entre los niños como para aumentarla con la presión de los padres. En el mismo equipo puede haber discusiones entre los jugadores porque no se pasan el balón, conflictos porque todos quieren demostrar que son mejores, críticas porque un jugador ha fallado. Los niños no miden lo que dicen en muchas circunstancias y eso es bastante duro para cierta edad.

También hay rivales que celebran las victorias o los goles haciendo sentir mal al otro equipo y burlándose de ellos. Cuando los partidos son muy igualados, con cierta polémica entre ambos equipos, las celebraciones suelen ser más dolorosas y a veces las formas pueden generar molestia en algunos jugadores.

Los entrenadores tenemos una labor importante en estas situaciones para calmar a jugadores y padres. Muchas veces, esas circunstancias generan acciones erróneas por parte de los niños dentro del campo; desde fallos deportivos por falta de concentración hasta conductas antideportivas. Si aumentamos la presión en ellos, su probabilidad de fallar aumenta mucho.

Los futbolistas profesionales que viven de este deporte ganando millones de euros al mes son adultos, tienen psicólogos deportivos, disponen de todas las comodidades... y aun así se equivocan. Tu hijo se puede equivocar sin necesidad de justificar nada. Por desgracia, ese es el enfoque que le dan muchos padres, niños y algunos entrenadores al fútbol base.

La buena noticia es que esos errores son experiencias que se pueden transformar en aprendizajes. Lo negativo es que no todos los niños actúan igual en las mismas circunstancias. Por muy injusto que sea, hay niños que se creen mejores que otros y no miden lo que dicen o hacen. Esto sucede en todas partes, y no solo en el fútbol o el deporte.

El fútbol nos crea una competitividad y una emoción que debemos aprender a controlar en los momentos difíciles como jugador. Y tu hijo es el que vive y debe reaccionar a esa emoción, con las herramientas que le han enseñado en su hogar y lo que ha aprendido en su formación. Un gran reto que se convierte en un gran aprendizaje.

Todos hemos vivido alguna vez situaciones en las que otras personas, con o sin intención, nos molestan con sus errores. Luego tomamos decisiones negativas ante esa situación, a veces iguales o peores que las que hizo esa persona. Cuando reflexionamos en lo que hemos hecho después de un tiempo, normalmente creemos que pudimos haber actuado de mejor manera.

Es difícil estar preparado para responder eficazmente a todas las circunstancias que se presentan en nuestra vida y que nos generan una emoción negativa. Por otra parte, **si hemos experimentado muchas situaciones que nos hayan hecho reflexionar y aprender de los errores, es más fácil responder con acciones más inteligentes**.

El deporte nos puede ayudar en esto. Dará muchas alegrías a nuestros hijos, pero también tristezas. Tendrán fallos, se sentirán responsables, tristes o molestos, y no tendrán más opción que olvidarse de esa emoción para seguir haciendo lo que les encanta. Aprenderán, con el tiempo, que los fallos en el fútbol son parte especial de este deporte y de la vida. **Debemos ayudarles a que reflexionen en estas situaciones para que les sirvan en su formación.**

Te hago una pregunta:

¿Cuántas cosas has dejado de hacer en tu vida por miedo a fallar?

En mi caso, ¿crees que por haber aprendido a tomar decisiones con el fútbol no iba a tener miedo en situaciones de adulto? Claro que he tenido y tengo miedos, y claro que he cometido errores de adulto. Lo desconocido siempre nos genera miedo e incertidumbre. Pero también me he enfrentado a cosas que no imaginaba que iba a hacer. Confío en mí, creo en lo que hago y me esfuerzo para conseguir mis objetivos; cuando lo logro, la satisfacción es increíble. Eso he aprendido.

Me he hecho fuerte mentalmente para resolver muchas circunstancias que desconozco. Si me equivoco, reflexiono y sigo intentándolo o busco otra salida. Agradezco al fútbol por darme las primeras experiencias que me enseñaron que los errores son parte del aprendizaje. No se pueden comparar las experiencias del fútbol con la vida, lo sé. Se trata de vivir situaciones en las que somos capaces de afrontar circunstancias y comprender que fallar no es un problema grave, sino el aprendizaje de una nueva situación.

Lo peor que nos puede pasar en la vida es querer algo y nunca haberlo intentado. Muchas personas deciden no hacer lo que les encanta por el miedo al fracaso. Cuando somos jóvenes, nadie nos enseña a enfrentarnos a los miedos de este tipo. Si asumiéramos que cometer errores puede ser el camino al éxito, tendríamos menos miedo a fallar. Practicarlo desde niño nos ayuda cuando somos adultos.

La mejor forma de prepararnos para afrontar los errores de nuestra vida es tener experiencias que nos ayuden a superar ciertas etapas y nos fortalezcan mentalmente. Las experiencias nos sirven para reflexionar y evitar ciertos errores en el futuro, tomando decisiones más acertadas y con una mejor reflexión.

CAPÍTULO 5

Las prisas pueden generar el abandono

¿Sueñas con ser millonario? ¿Tener una casa en la playa? ¿Quieres que tu negocio tenga éxito? ¿Te gustaría viajar por el mundo? ¿Deseas tener una pareja y unos hijos maravillosos? ¿Quieres verte rodeado de amistades especiales? Todos buscamos la mayoría de esos deseos. Y dime... ¿Cuáles crees que puedes conseguir de la noche a la mañana y sin hacer nada a cambio?

La mayoría quiere conseguir dinero jugando a la lotería, deseando que le toque el premio ganador para poder dejar de trabajar y disfrutar de unas vacaciones o pagar todas sus deudas. En teoría, ese es el camino «fácil». Pero seamos realistas: la probabilidad de que nos toque el premio de la lotería es casi nula, y aun así lo acabamos jugando; «por si nos toca».

Existen otros caminos, lo sabemos. Y si no lo hemos intentado es porque estamos en una zona de confort y no queremos salir de ahí. Si te sientes muy bien con lo que haces y con lo que tienes, te felicito: ese es el camino para ser feliz y el que debes transmitir a tus hijos. Ahora bien, si quieres cambiar muchas cosas de tu vida, tienes que entender que casi nada sucede de la noche a la mañana. Es un proceso que debemos iniciar cuanto antes.

Eso es lo que nos da temor cuando nos planteamos cambios importantes. Sabemos que el camino a conseguir nuevos objetivos puede ser largo, complicado, con muchos esfuerzos, con inversión económica, con sacrificios, etc. Es decir, tiempo y dedicación sin saber que sucederá. En ese proceso pueden ocurrir muchas cosas y no siempre será un éxito.

Si quieres tener una relación, sabes que no se construye de la noche a la mañana. Puedes enamorarte rápido, ilusionarte y todo lo que quieras, pero el proceso para consolidar la confianza y la unión necesaria para conocerse, entenderse y comprenderse es lento. Somos tan diferentes que es inevitable tener diferentes puntos de vista sobre un mismo tema, pensando que la otra persona está equivocada cuando quizá no es así. Hasta en eso tenemos que aprender y adaptarnos. En fin, todo un proceso.

¿Quieres un nuevo trabajo? Claro, lo puedes conseguir de la noche a la mañana si buscas bien. El tema es que, una vez dentro, debes ganarte la confianza de los jefes, aprender poco a poco las labores que debes hacer, adaptarte a los cambios con respecto a tu otro trabajo y alterar tu rutina de vida. ¿Crees que puedes pedir vacaciones el primer día de trabajo? No sería lógico. Primero gánate la confianza mediante un proceso y luego pides.

Sé que entiendes que todo en la vida es un proceso. Es sentido común. Pero, si lo entiendes, ¿por qué no sientes que estás donde quieres estar en algún área de tu vida? A la mayoría de las personas les gustaría cambiar su situación sin hacer nada diferente. Entonces, **si la vida es un proceso y todos lo entienden, ¿por qué la mayoría no se atreve a dar el primer paso y vivir el proceso? Porque en el fondo esperamos resultados rápidos.** Nos ha pasado a todos.

Y en el fútbol, ¿qué consigues de la noche a la mañana? Nada. El deporte es el mayor ejemplo de vida para reflexionar en lo que hacemos o dejamos de hacer cuando somos adultos. Desde que tu hijo empiece a jugar fútbol hasta que sea capaz de dominar el balón con varias partes del cuerpo, regatear jugadores o golpear el balón con una gran calidad técnica, pasará por muchas etapas de aprendizajes. Es decir, tiempo y dedicación.

Es cierto que hay niños que tienen habilidades técnicas innatas y un buen desarrollo en la coordinación, lo que les permite aprender rápidamente. Aun así, deben entrenar durante un largo período de tiempo si quieren mejorar y potenciar sus habilidades como futbolista. De nuevo: es un proceso. Se requieren meses para aprender aspectos básicos del juego y años para dominarlos, dependiendo de la edad y el desarrollo general de la persona.

Si tu hijo empieza a jugar fútbol, notarás su evolución según pasen semanas, meses y años. A medida que crece, el desarrollo físico le ayudará a realizar diferentes acciones del juego que antes no podía. Y cuanto más entrene, mejor se desenvolverá en el campo. **Ese es el proceso que debemos comparar con todo lo que queremos hacer**

en nuestra vida y enseñar a nuestros hijos en sus diferentes etapas de crecimiento.

Debes ser realista. Tu hijo no puede ser el mejor en algo a lo que apenas ha dedicado tiempo. Y aunque sea el mejor de su equipo, seguro que estará muy lejos de ser el mejor de su edad. Lo importante para tener en cuenta es que, cuando se inicien en este deporte, verás cómo mejora y evoluciona. Te sentirás orgulloso de sus progresos.

El tiempo que pasa desde que tu hijo empieza en el fútbol hasta que domina muchos aspectos técnicos y destaca en su categoría es un proceso que tendrá que vivir con mucho esfuerzo. Dentro de ese proceso ocurrirán muchas cosas: alegrías, tristezas, sacrificios y todo lo mencionado en capítulos anteriores. Es imposible empezar un proyecto y tener la misma progresión que ha tenido una persona con experiencia, sin haber hecho nada durante ese período de tiempo.

Eso es lo que debemos transmitirles a nuestros hijos. Hay muchas cosas que podemos conseguir con relativa facilidad, ya sea porque tuvimos un golpe de suerte, gracias a contactos o porque hicimos algo bien en el pasado que nos ayuda en el presente. Pero no debemos dejar que crean que todo en la vida es fácil y rápido. **Los procesos son la parte más importante para conseguir lo que deseamos**.

De eso se trata este capítulo. **Durante un período de tiempo, tu hijo vivirá un proceso de aprendizaje que le permitirá entender que nada se consigue de la noche a la mañana. Esa evolución es la recompensa a todos sus esfuerzos por aprender de un deporte**

que le gusta. El fútbol nos enseña a ser pacientes y a comprender que, para ser buenos en algo, debemos esforzarnos cada día. No se obtienen recompensas tan grandes en una semana.

Cuando tu hijo se sienta triste en el fútbol porque otros compañeros son mejores que él, recuérdale la importancia del proceso. Cuéntale anécdotas que hayas vivido en alguna etapa de tu vida; estoy seguro de que te sientes identificado con fases que has tenido que superar después de mucho sacrificio y esfuerzo. **Hazle entender que no se trata de ser bueno hoy, sino de ser mejor cada día. Muchas personas se quedan estancadas en el camino, mientras que otras no paran de mejorar y acaban superando a sus amigos o rivales.** Todo gracias al esfuerzo, la constancia y el proceso.

En mi época de futbolista, a los 9 - 10 años, había compañeros que eran mejores que yo. Cuando me enfrentaba a ellos durante el entrenamiento no lograba quitarles el balón con facilidad ni ganar en mini partidos. Competir contra ellos era un reto para mí. Quería ganarles. Lo seguí intentando, seguí esforzándome en los entrenamientos y dediqué horas y horas a mejorar.

Después de unos años, había mejorado más que ellos y les había superado en nivel. Estaban sorprendidos por mi evolución. Mientras los buenos se creían los mejores, dejaban de esforzarse tanto. Y los que queríamos ser buenos, cada día dábamos un paso para conseguir nuestros objetivos. Esto sucede a menudo en el mundo del fútbol y en la vida en general.

Tampoco quiero decir que todos los objetivos se consiguen con esfuerzo y con tiempo. Hay muchas cosas que influyen para lograr nuestros sueños. Debemos estudiar, tener estrategias, intentar, equivocarnos, volver a intentar, reflexionar, practicar, rodearnos de personas que nos ayuden, tener paciencia, aprender de los mejores, preguntar, investigar, etc. Y aun así, nada te garantiza el éxito, aunque sí te acerca. En el siguiente capítulo hablaré un poco más sobre el mito del esfuerzo frente a las recompensas.

La mayor reflexión en mi aprendizaje como futbolista es que todo empieza con una pasión por algo que queremos hacer. Luego, debemos tener curiosidad en aprender; tener constancia y compromiso a la vez que hacemos muchos esfuerzos y sacrificios, entendiendo que es un proceso y hay que tener paciencia para ver resultados. No sirve de nada tener pasión y esforzarnos durante solo una semana en algo, renunciando porque no conseguimos los resultados inmediatamente.

Si le enseñamos a nuestro hijo el mensaje de la paciencia, esfuerzo, sacrificio y sobre el proceso en el camino de su vida, entenderá, cuando se enfrente situaciones en algo que le apasiona pero que no sepa resolver, que debe invertir tiempo en aprender cada una de las etapas, sin dejar de hacer lo que le gusta por querer resultados inmediatos. Ya lo habrá vivido con el fútbol.

No se trata de enseñarle a un niño de cinco años que debe esforzarse para ser bueno en la vida. Un niño tan pequeño no va a entender esa reflexión y no le importa en ese momento. Él solo quiere jugar fútbol y disfrutar con sus compañeros. Se trata de que entendamos, como padres, el proceso que se requiere para aprender habilidades en algo, independientemente de la edad que tengamos, para luego transmitírselo a ellos.

Y que, cuando se presenten circunstancias en el fútbol u otras áreas en las que tu hijo se sienta triste, con miedo o con dudas de afrontarlo, tengas las herramientas para enseñarle todo lo bueno que puede llegar a ser si entiende el proceso y las etapas. Con el enfoque correcto, es más fácil mantener nuestros proyectos y conseguir el éxito.

En los estudios también necesitamos esforzarnos durante un largo período de tiempo para obtener recompensas; todo ayuda como ejemplo de vida. La diferencia es que el fútbol puede ser un deporte que le apasione a tu hijo, mientras que los estudios normalmente no generan esa sensación en los niños. Es más fácil transmitir un mensaje o una enseñanza a través de algo que le gusta a una persona.

A medida que crecemos, olvidamos un poco cómo aprendíamos en nuestra infancia, queriendo resultados más rápidos y con menos esfuerzos en nuestros proyectos. Si esto te sucede, es normal. A todos nos ha pasado y nos pasa en algún área. En este capítulo, debemos reflexionar para cambiar muchas cosas en las que queremos mejorar o aprender, y posteriormente ayudar a nuestro hijo en el enfoque correcto durante su crecimiento y objetivos.

Tuve esta reflexión hace años. Pasé por una etapa en la que quería conseguir cosas rápidamente: sentía que había aprendido mucho en mi vida y eso me ayudaría a agilizar los procesos. Cuando no conseguía lo que me proponía, empecé a reflexionar mis procesos anteriores, con el deporte, y lo entendí todo. A partir de ahí cambié mi forma de ver la vida y afrontarla. Ahora hago lo que me apasiona y me esfuerzo por aprender, con paciencia, en cada etapa que desconozco.

Además, cuando conseguimos cumplir nuestros objetivos en algo que nos gusta, después de muchos esfuerzos y aprendizajes, la satisfacción es muy grande. Ya que, se llega a comprender todo lo que tuvimos que hacer para conseguir llegar a la meta o al punto en donde nos encontramos. Esa recompensa no sería tan especial si no hemos vivido el proceso.

Recuerdo una charla del conferencista Yokoi Kenji en la que hace referencia a este punto y quiero compartirlo contigo:

«El dinero no es nada y los aplausos no son nada si no tienen una historia detrás que contar. Por eso, es más importante el proceso que el resultado. Es más importante el proceso de cómo se llegó a ese resultado, la historia que está creando y el recorrido, para que el éxito, el dinero y los aplausos tengan sentido».*

Hoy, soy lo que soy gracias a los procesos de aprendizajes que he tenido en mi vida. Enséñale a tu hijo, a través del deporte, los procesos de la vida y a hacer lo que le apasiona, con paciencia, con esfuerzos y con dedicación. Mejorará en el proceso si se esfuerza cada día y la

* https://www.youtube.com/watch?v=kstGSHyqeAU

recompensa la tendrá de una forma u otra; igual que le sucederá en el fútbol.

CAPÍTULO 6

Mito: «todo se consigue con esfuerzo y dedicación»

Cuántas veces hemos oído frases como «si te esfuerzas lo conseguirás», «todo se consigue con esfuerzo y dedicación» o «la constancia siempre da frutos». Nos suelen enseñar que, si dedicamos mucho tiempo a algo, conseguiremos ese objetivo que tanto nos hemos planteado. Es muy especial cuando un ser querido nos anima con esas palabras, porque nos recuerda que somos capaces de conseguir muchas cosas en nuestras vidas. Aunque la realidad no siempre es tan bonita.

Ser constante nos acerca a conseguir nuestros objetivos, aunque no lo garantiza. Puede ser que no estemos en el camino correcto. Quizás el resultado final no depende de nosotros o no estamos preparados para el desafío. Podemos ser constantes, trabajar mucho en algún proyecto, esforzarnos día tras día y simplemente no conseguirlo. Existen muchos factores que pueden condicionar nuestros sueños y objetivos.

Quise ser futbolista profesional desde niño. Lo tenía muy claro. Entrené muchas horas, me preparé durante una gran etapa de mi vida entrenando más de 5 días a la semana, por la mañana y por la tarde algunos días. Nadie puede decir que no me esforcé para conseguir mis objetivos, pero el resultado no fue lo que deseaba.

Las cosas no se consiguen únicamente esforzándonos durante mucho tiempo. He aprendido en los últimos años que, para conseguir objetivos grandes, tienes que trabajar y pensar como un grande o hacer cosas diferentes que te hagan sobresalir, aprendiendo de personas que hayan vivido lo que tú quieres hacer. Para eso debemos prepararnos muy bien, no solo en nuestra área, sino en todo lo que nos rodea.

Si quieres escribir un libro que pueda ayudar a muchas personas, no solo debes sentarte en un ordenador a escribir. Debes planificar las ideas, organizar cómo lo vas a decir y por qué. Debes estudiar y saber sobre el tema, aprender la diferencia entre una editorial y una autopublicación. Debes pensar cómo corregir el contenido por un profesional, cómo maquetarlo, cómo hacer la portada, precios, publicidades, etc. Y lo más importante: pensar en el por qué lo van a leer antes de escribir. Ya ves que no se trata de solo esforzarnos en escribir.

Dos amigos me preguntaron cómo escribí mis libros, cómo los corregí, cómo los publiqué en Amazon, cómo los traduje a otros idiomas, cuanto me costó y cuánto estoy ganando. Después de reunirme con ellos, contarles mis experiencias y lo que aprendí, uno de ellos me comentó que había hecho un curso para escribir un libro y publicarlo en Amazon por 59 Euros, pero que todo el contenido era simple, sin ejemplos, y no le explicaban bien los pasos para editarlo y maquetarlo. Me dijo que había aprendido más conmigo en unas horas que en todo el curso de pago.

Mi proceso de aprendizaje fue muy largo con el primer libro, quería aportar mis conocimientos y experiencias a entrenadores pero cometí muchos fallos: gasté más dinero del que esperaba, hubo problemas con un FreeLancer y las personas no lo compraban tan fácil. Y aunque me había esforzado en todo el proceso, dedicando meses a investigar y con las indicaciones de algunos profesionales, me pasaba como a mi amigo, faltaban detalles que debía aprender para ganar a la competencia. El esfuerzo no era suficiente si no cambiaba la estrategia.

Probé nuevas cosas, seguí a otros que hacían lo que yo quería y logré el objetivo después de más de un año de formación y experimentos. La pregunta que me hacen todos, ¿se gana dinero escribiendo libros? Depende. Sin estrategia y sin aportar valor, no. Yo gano dinero con mis libros, aunque no es como algunos gurús prometen para vender cursos. Ahora, **si no aportas valor a las personas, tus experiencias y aprendizajes, o no sobresales del resto de forma inteligente, por mucho que te esfuerces será difícil que compitas con los mejores en alguna área**.

Si te interesa ver cuánto he ganado escribiendo libros de fútbol desde que empecé a publicarlo en Amazon y los pasos que realicé tanto para escribir, editar por un profesional, maquetar y publicar un libro gastando poco dinero y sin ser experto, estoy terminando varios vídeos Gratis, usando de ejemplo este libro, que explican los pasos que hice y los reportes mes a mes de Amazon. Escríbeme al siguiente email: **alvarofutboles@gmail.com** y en cuanto los finalice los envío.

Volviendo al tema, en el caso del fútbol la competitividad es muy amplia y de mucho nivel. Este deporte se juega en todo el mundo, pero pocos están preparados para llegar a ser un jugador de primera división. Se requieren muchas cosas para llegar a la élite. Yo lo intenté y no pude. Es decir, lo he vivido, lo he experimentado y lo he sufrido. Por eso he escrito un libro referente a este punto llamado «Entrenar para Competir - Cómo aumentar las probabilidades de ser futbolista profesional».

En él explico muchas cosas que aprendí en mi experiencia como entrenador, estudiando y reflexionando sobre el fútbol desde un punto de vista profesional y aprendiendo de otros entrenadores. Después de varios años, entendí que no estaba preparado para ser un jugador profesional cuando era joven, porque, aunque me esforzase todos los días en mejorar como jugador, no estaba haciendo lo suficiente para destacar sobre otros.

Cuando vine a jugar a España, en La Coruña, tenía 18 años recién cumplidos y unas expectativas muy grandes. Estaba preparado para la experiencia y sentía que tenía muchas capacidades para conseguir mis sueños. La realidad es que mi vida tuvo que dar un giro importante. Tenía que trabajar para poder mantenerme, porque conseguir un equipo que me pagara lo suficiente para vivir del fútbol era muy difícil sin conocer a nadie. Los contactos eran determinantes y yo no tenía ninguno.

Luego de empezar los entrenamientos y ver el fútbol de España, me di cuenta de que había muchos jugadores de gran nivel en categorías aficionadas. La competitividad era muy diferente a la que existía en Venezuela. Para poder jugar en un equipo de mejor nivel, no solo se debía ser bueno. Debía sobresalir y hacer cosas diferentes.

Entrené muchas horas y dediqué bastante tiempo a mejorar mis fortalezas y mis debilidades. Era defensor central, con una estatura de 1,75 cm. Por mucho que entrenara habilidades defensivas, cuando me tocaba competir contra equipos de nivel, me enfrentaba a delanteros europeos que medían 1,85 cm o más y tenían mejor constitución que yo. Mis debilidades saltaban a la vista.

Era rápido defendiendo balones al espacio, interpretaba bien el juego al posicionarme en zonas que me ayudaran a tener ventaja y era capaz de dominar el balón para salir jugando con pases cortos, favoreciendo el ataque de mi equipo. Sin embargo, mi constitución y altura no llamaban la atención en un defensor central.

Muy pocos defensores centrales miden 1,75 cm, y menos en el fútbol europeo. No reflexioné en ello porque creía que dominar el balón e interpretar bien las jugadas era más importante que la altura o la constitución. Me sentía un defensor inteligente y pensé que eso me ayudaría. No era suficiente. Mis características físicas me limitaban para la posición que jugaba.

Entonces, por mucho que entrenara, ¿me estaba acercando o alejando de mis objetivos? Creo que siempre me alejé. No sabía qué buscaban los ojeadores del fútbol profesional, y desconocía la importancia que le daban los entrenadores a ciertos aspectos. Creía en mis virtudes, porque me sirvieron durante una gran etapa de mi vida y quienes me veían apreciaban mis características como futbolista. De haberlo sabido, habría cambiado de posición para aumentar mis oportunidades.

No obstante, ese no fue el único factor por el que no llegué a cumplir mi sueño de ser futbolista profesional. Cometí muchos errores en el camino. En el libro que mencioné explico muchas circunstancias que viví, características importantes para las posiciones de los jugadores en el campo, tendencias del fútbol actual y formas de aumentar las probabilidades de destacar en la actualidad.

Después me dediqué a estudiar más a fondo el fútbol profesional, pues descubrí muchas cosas que me ayudaron a entender que, **por mucho que nos esforcemos en algo, si no estamos en el camino correcto, no siempre conseguiremos los resultados que esperamos**.

¿Significa eso que todos los esfuerzos que realicé de joven con el fútbol fueron en vano? No. Los aprendizajes que obtuve durante todo el proceso fueron magníficos. Viví muchas etapas bonitas, otras tristes y difíciles que me enseñaron cosas de la vida. Aunque, si hablamos desde el punto de vista como futbolista, no logré mis objetivos y esa es la realidad. Aun así, lo estaba intentando sin miedo a fallar. Ese aprendizaje ha sido de las mejores experiencias que he vivido.

Aprendí a valorar lo que no valoraba cuando era joven, cuando no entendía la importancia del compromiso para conseguir recompensas. Aprendí que las pequeñas recompensas tienen una gratificación importante si nos centramos en pequeños objetivos en vez de en el resultado final. Conocí muchas personas importantes que me apoyaron y me enseñaron sobre la vida. Y, por supuesto, crecí mucho como persona a través de las experiencias que te deja el fútbol.

Por eso pienso que todos los esfuerzos dan frutos, aprendizajes y muchas experiencias, solo que no siempre son las cosas que estábamos buscando. Puede que estemos enfocando muchas energías en el sitio incorrecto, y es difícil darnos cuenta en el momento indicado si no estamos preparados. Eso significa que difícilmente podremos conseguir nuestros objetivos.

En otras ocasiones, el objetivo es simplemente más grande de lo que podemos cumplir y debemos concentrarnos en objetivos más realistas. Por ejemplo, por mucho que quiera ser jugador de fútbol profesional, con 31 años que tengo ahora y la falta de entrenamientos es imposible conseguir ese objetivo. Debo ser realista. Hay cosas que tienen su momento; el mío ya pasó. **El fútbol nos enseña a ser realistas en las situaciones.**

Los niños tienen expectativas muy elevadas en cada partido. El ego siempre está por encima y quieren ser los mejores, independientemente de contra quién jueguen. Creen que pueden ganar a todos los equipos, hasta que llega el partido y les meten 5, 6, 7 o más de 8 goles. En ese momento tienen una dosis de realidad. Lo que aspiraban a conseguir es muy diferente de lo que tuvieron que vivenciar. Se dieron cuenta que no eran lo suficientemente buenos como equipo para ganar a su rival.

Al principio buscan excusas para justificar por qué han perdido. Son niños, es normal. Pero si les toca volver a jugar contra ese equipo, lo primero que pensarán es que ellos son muy buenos y tendrán algo de nervios. Las expectativas cambian, porque se han dado cuenta que otros están a un mejor nivel. Por sus mentes ya no pasan las mismas emociones y dejan el ego para afrontar un reto.

Eso me ha ocurrido en todos mis años como entrenador de fútbol base. Una dosis de realidad siempre viene bien en el aprendizaje porque nos ayuda a reflexionar. Por mucha constancia y esfuerzo que hayan tenido para entrenar y mejorar como jugadores, hay otros que también se están esforzando mucho o simplemente son mejores. Como en la vida.

Otro ejemplo: tu hijo se puede esforzar en el fútbol, ser constante en los entrenamientos, puntual y muy bueno con los compañeros... Y aun así, puede que el entrenador ponga de titular a otro jugador que falta muchas veces a los entrenamientos porque considera que es mejor. Esta situación ocurre en muchos equipos de fútbol base en algún momento de la temporada. He sido entrenador y se lo difícil que puede ser para un niño creer que se esfuerza mucho y no es tomado en cuenta.

Esto puede ser un aprendizaje para nosotros como padres. También para enseñarles a nuestros hijos que algunos factores externos influyen en circunstancias de nuestras vidas, por muy injustas que puedan ser. Y que, por mucho que nos preparemos, hay personas que pueden condicionar nuestros objetivos. En este caso tenemos dos opciones: lamentarnos o intentar cambiarlo, afrontándolo y pensando en una estrategia que pueda servirnos para crear una oportunidad. Si no funciona, debemos buscar otra opción.

El esfuerzo no siempre trae la recompensa que queremos y para esto nos prepara también el deporte. Me gustaría que ayudases a tu hijo a tener ese espíritu de optimismo en todo lo que hace, pero que también le des un enfoque realista en los momentos que surgen.

Debemos enseñar a nuestros hijos a esforzarse en todo lo que hacen. De esa forma estarán más cerca de conseguir los objetivos. Sin embargo, no debemos idolatrarlos y hacerles creer que van a conseguir todo simplemente con esfuerzo. Enseñémosle que el esfuerzo va acompañado de otros factores, y eso le va a traer pequeñas recompensas y aprendizajes. Sin olvidar que debe tener un objetivo al que ceñirse y ser constante para acercarse más a sus metas; ese es el motor que le impulsa a prepararse.

El deporte puede enseñarle a tu hijo a ser constante haciendo algo que le gusta, a reinventarse, a pensar en qué puede hacer para cambiar circunstancias que no le gustan, a reflexionar en lo que estaba haciendo para mejorar, a ser curioso y preguntar, a vivir distintas emociones y entender que no todo se puede conseguir aunque se hagan bien las cosas. **Todo eso le hará crecer como persona**. A largo plazo, el resultado más importante de su vida es ese, no el de haber conseguido un objetivo en un partido de fútbol.

CAPÍTULO 7
Los peores días, las mejores enseñanzas

No todo son alegrías. Estamos condicionados por nuestros pensamientos, que se reflejan en sentimientos según las circunstancias que vivimos. Podemos estar felices y en unos instantes pasar a estar muy tristes, o al revés. Nuestro entorno suele influir en nuestras emociones, y cuando no tenemos experiencias en situaciones, nos cuesta dominar ese sentimiento que se genera para afrontarlas y tomar acción. Te cuento una historia personal que refleja mejor esta idea.

Cuando llegué a La Coruña fui a casa de una prima de mi papá, donde me quedaría unos meses. No la conocía hasta ese entonces y estar en otro país sin mi familia me traía cierta incertidumbre. Desde el principio la convivencia fue difícil. Ella tenía una personalidad que influía en mis emociones de manera negativa. Yo era un chico joven con mucha ilusión en conseguir mis objetivos y ella me exigía muchas cosas desde la primera semana.

Pasaban los días y las pruebas en el fútbol estaban siendo complicadas por la época en la que había llegado a España; en Mayo, casi finalizando la temporada. Tuve que ponerme a buscar trabajo porque tenía poco dinero para mantenerme y mi familia no podía seguirme ayudando económicamente. La situación en Venezuela no era la más favorable.

Hice mi primer currículo laboral, fui a un sitio a imprimirlo y empecé a repartirlo por muchas tiendas. No tenía experiencia en ningún trabajo, solo muchas ganas de seguir en España. En la Coruña había mucho turismo, así que me decidí por trabajar de dependiente o atención al cliente, en una cafetería, o en un restaurante. Eso fue en el año 2009, cuando había una crisis económica importante en España, poco trabajo y muchos despidos desde el año anterior.

Pasé varias semanas entregando currículos y llamando a los números telefónicos que ofrecían trabajo en los periódicos. No me llamaba nadie. Seguía realizando mis entrenamientos de fútbol por mi cuenta; no quería perder mi condición física. Sentía algo de nervios por no poder encontrar trabajo. La situación en casa de la prima de mi papá era tensa: me exigía mucho y era muy dura con sus palabras.

No estaba preparado para esa emoción durante tanto tiempo y me quedaba un mes para la fecha de regreso de mi vuelo, que había comprado por 3 meses. Si no encontraba trabajo tendría que regresar a Venezuela. Mi sentimiento era de estrés, preocupación, tristeza. Se me escapaba la oportunidad de luchar por mi sueño y mis intentos no daban resultado.

Un viernes vi una oferta en el periódico de camarero, llamé y me dieron la dirección para dejar el currículo. Fui por la tarde y me encontré con el encargado, Javi. Le entregué mi currículo, hablamos un poco del puesto de trabajo y de la labor que debía hacer si me contrataban. Había varias personas esperando para hablar con él, pero tuve buenas sensaciones durante la conversación.

Al final de la entrevista me dijo que el martes llamaría al candidato que más les gustara. Le agradecí y me fui. Al salir del sitio sabía que era una oportunidad. Debía hacer algo diferente, porque mi falta de experiencia en hostelería podía influir de forma negativa en conseguir el trabajo. Tuve una buena sensación, pero ¿por qué me iba a elegir por delante de otros con experiencia?

Mientras caminaba a casa pensaba qué podía hacer para captar más su atención. Hasta que tuve una idea que me parecía magnífica. Quería que viera que estaba animado y dispuesto a aprender, así que pensé en ir el lunes antes de que él decidiera, con la esperanza de le gustara mi interés y me llamara el martes. Necesitaba el trabajo.

El domingo me llamaron mis padres. Hablábamos una vez a la semana por teléfono; en esa época WhatsApp era todavía una aplicación nueva y desconocida. Estaban muy tristes porque la prima de mi papá les había dicho que yo no estaba buscando trabajo, que no me estaba esforzando por mantenerme en España, que solo había ido de vacaciones y que no estaba preparado para estar allí.

No saben la tristeza que sentí mientras escuchaba a mis padres decepcionados por mí. Caminé por la orilla de la playa de Santa Cristina y no pude aguantar. Empecé a llorar. Una cosa es sentirse triste por no conseguir los objetivos y otra es que tus padres piensen que les estás mintiendo por culpa de una persona que se inventó historias. Era joven, pero no tonto. Siempre fui muy centrado en mis objetivos.

No podía demostrarles a mis padres que estaba buscando trabajo y que me estaba esforzando, porque no lo había conseguido. Por mucho que les intenté explicar que eso no era así, no sabían qué creer; estaban preocupados por mí. Para ellos era más fácil creer a la prima de mi papá, una persona con más años y experiencias.

Es verdad que yo nunca estaba en su casa. Quería alejarme de ese ambiente tenso, por lo que pasé muchas horas fuera de casa buscando trabajo y entrenando con un balón de fútbol. Solo volvía para hacerme la comida y por las noches para dormir. Quizás por eso, Ana, la prima de mi papá, le contó todas esas historias a mi familia.

Les dije a mis padres que les demostraría que estaba buscando trabajo. Recuerdo que estaba sentado en la orilla del mar, llorando después de la llamada telefónica. En mi mente, odiaba a la prima de mi papá. No podía creer lo que se había inventado de mí y me sentía mal por no poder hacer nada de forma inmediata. Tras un rato pensando y llorando, respiré profundo y me animé. Estaba convencido de que conseguiría un trabajo y me iría de su casa. No quería seguir allí.

Confiaba en mí. Aunque no había vivido situaciones similares, no era la primera vez en que me sentía tan triste. **El fútbol me dio muchas emociones en mi crecimiento que me enseñaron a superar obstáculos. Siempre he sido exigente conmigo mismo y, cuando**

las cosas no me salían bien en el campo, lo sufría. Eso me ayudaba luego a reflexionar en qué cosas debía mejorar.

Esa noche me llené de valentía y volví a la casa de la prima de mi papá para descansar. Ella estaba en el sofá. No pude aguantar la emoción y los ojos se me aguaron de tristeza. Le expresé lo injusto que me parecía lo que había hecho. Quiso argumentar que era por mi bien, que debía madurar y buscar trabajo. Le dije que no me conocía para sacar conclusiones y, sobre todo, que no tenía derecho a mentir a mis padres si no sabía lo que hacía fuera de casa.

No había forma de hacerle entrar en razón. Su forma de ser es tan compleja que solía estar de mal humor casi siempre. No le gustaba su trabajo ni la vida en España. Estaba aquí porque se ganaba mejor que en Venezuela. Tampoco tenía muchos amigos. Era muy negativa. Me decía que yo no sabía nada de la vida, que nadie iba a ser capaz de ayudarme y que si conseguía trabajo me tratarían mal.

Respetaba su opinión, pero no estaba de acuerdo ni compaginaba con mi forma de ser. Entiendo que la vida puede ser compleja y a veces suceden cosas similares a las que ella mencionaba. Lo que no comparto es tener ese pensamiento en cada momento y creer que todo el mundo será así. Aun así, me afectaba lo que me decía. Aunque siempre he sido muy positivo, las personas pueden influir de muchas formas en nuestras emociones en los momentos difíciles. Yo no tenía a mi familia cerca y debía enfrentarme solo a todo lo que sucedía.

Llegó el lunes, entrené por la mañana y a las 12:30 de la tarde me fui al restaurante. Acababan de abrir para preparar todo para la hora de la comida. Javi estaba sentado en un taburete largo leyendo el periódico. Me vio, se acordó de mí, me saludó sorprendido y luego me preguntó qué hacía allí. Le comenté que quería tomarme algo y aprender un poco de lo que hacían, porque no tenía experiencia en hostelería.

Sonrió y me dijo que le parecía una gran idea. Invitándome a sentarme en la barra, llamó al camarero, Luis, para que me atendiera. Pedí algo para beber y me trajo un poco de tortilla. Me quedé observando lo que hacía Luis, viendo el local y mirando la carta de la comida. Me gustaba la idea de trabajar allí y aprender algo diferente.

Javi estaba a unos pocos metros leyendo el periódico, o viéndome; no lo sé. Al rato se levantó de la mesa, se acercó a mí y me preguntó: *¿Quieres venir a hacer una prueba esta noche?* No me lo esperaba, me sorprendió. Aunque lo estaba buscando de cierta forma. *Por supuesto*, le dije con una sonrisa. No se imaginan la alegría que tenía al salir del restaurante. Lo había conseguido. Fui a la prueba. Le gustaron mis ganas de aprender y mi actitud.

Trabajé durante casi 3 años allí. Me hicieron fijo, algo que era difícil en aquella época por la crisis. A veces Javi contaba mi historia a los compañeros del trabajo mientras comíamos. Decía que decidió darme la oportunidad ese día porque le gustó mi actitud, y que fue una buena decisión porque le gustaba cómo trabajaba. Aprendí muy rápido. Recomiendo ese sitio para comer o cenar, está genial. Se llama «**Mesón A Cepa**» **en O Burgo en La Coruña, España**.

En un principio parece que esta historia no tiene nada que ver con el fútbol. Sin embargo, todo está relacionado. **Como jugador tuve momentos complicados y tristes en los que debía tomar decisiones para animarme y cambiar algo**, como cuando estaba triste en la playa y decidí animarme a pesar de las circunstancias.

También tuve diferencias con algunos compañeros con los que jugaba y compartía tiempo en los entrenamientos, igual que al convivir con la prima de mi papá. Me enfrenté a personas que dudaban de mí en algunos momentos. Tenía que demostrarles que estaba preparado, como mis padres cuando estaban preocupados por culpa de la prima. Tuve entrenadores que no me ponían de titular y yo tenía que hacer algo diferente para que me dieran la oportunidad, como cuando decidí ir al restaurante aquel lunes.

Cada etapa que viví en el fútbol generó experiencias con distintas emociones que, a la par, me ayudarían a superar algunas circunstancias. Una vez superadas esas situaciones, mi confianza se fortaleció, lo que me enseñó que podía resolver los problemas que se me presentaran.

Lo más fácil en algunos casos es huir de los problemas. Lo hacemos muchas veces por temor o por no saber afrontar algunas circunstancias. Si no hubiese superado tantas etapas por mí mismo desde joven con el fútbol, quizás eso es lo que me habría pasado cuando me faltaba un mes para irme de España, sin encontrar trabajo y estando muy triste por la llamada de mis padres: resignarme y dejar de luchar.

Durante nuestra etapa como deportistas, y sobre todo con el fútbol, es inevitable sentirnos tristes en muchas oportunidades. Pocas personas entienden la emoción que siente un niño cuando las cosas no salen como quieren, cuando fallan un penalti importante, cuando se meten un autogol intentando sacar un balón, cuando fallan el gol de la victoria o bien pierden una final o un partido importante. Para ellos puede ser una de las peores situaciones que han vivido.

Tu hijo tendrá momentos tristes en el fútbol que pueden sentirse como los peores días. No le enseñes a huir a los problemas, sino a afrontarlos. Cuando falle, cuando se equivoque, cuando pierda o tenga compañeros que le hagan sentir triste, enséñale a pensar qué decisión debe tomar para cambiar esa emoción y qué debe cambiar para conseguir resultados diferentes. Esa es la mejor enseñanza.

Los malos momentos pueden traer grandes aprendizajes. Los errores son parte de la vida; debe aprender de ello. Y para eso, debe reflexionar e intentar mejorar en ese fallo que cometió. La vida tiene muchos obstáculos que nos generan emociones tristes. **Cuanto antes aprenda tu hijo que puede resolver las situaciones él mismo, menos tiempo dedicará a pensar en el problema y más a encontrar la solución. De eso se trata la vida.**

CAPÍTULO 8

La tormenta nos afecta el tiempo que decidamos

¿Recuerdas la frase: «después de la tormenta, viene la calma»? Todos la hemos oído alguna vez. Se usa para describir que los momentos malos no duran para siempre y tarde o temprano llegará la tranquilidad, aunque nadie te puede asegurar cuándo. Incluso puede que lo que creías era la tormenta sea solo una pequeña lluvia que no parecía que iba a empeorar.

Lo que sí es interesante analizar es cómo actúan las personas ante los mismos problemas. Algunos se lamentan mucho tiempo, sufren, lloran y sienten que han perdido toda esperanza; sucede mucho en rupturas amorosas. Otros lo sufren, les duele, pero no se quedan en casa: salen con amigos o seres queridos que le ayuden a distraer la mente y a valorar lo importante de la vida. Otros deciden que no es tan importante y no se sienten tan afectados. **Todo depende de la situación y del enfoque**.

La sensación que tenemos cuando hacemos algo que nos gusta es especial. **Mantenernos en un estado de motivación nos impulsa a vivir con alegría y entusiasmo para realizar nuestros proyectos personales o profesionales, y dar nuestro amor a otras personas. Es decir, a ser felices.** Hay cosas que nos motivan más que otras, pero también hay cosas que nos desmotivan rápidamente. Por muy felices que estemos, hay circunstancias que nos afectan y condicionan.

A medida que crecemos, la sociedad nos lleva a vivir con más seriedad cada etapa que vivimos. Hay jefes que quieren que seamos serios en el trabajo, no podemos saltar de alegría en la calle porque parece que estamos locos, estar motivado y feliz molesta a otros en nuestro entorno y hay quien nos critica por lo que hacemos o dejamos de hacer, interesándose más por nuestra vida que por la de ellos mismos.

En cambio, cuando somos niños, tenemos muchas ilusiones que transmitimos de forma espontánea y todos se alegran por nuestra felicidad. Somos capaces de motivarnos fácilmente, aunque hayamos pasado momentos de tristeza antes. Necesitamos poco para ser felices y los demás nos condicionan menos para vivirlo tal como nos sale del corazón. ¿Por qué sucede esto? ¿Es que de adultos no podemos transmitir esa alegría que sentimos con la misma energía?

Recuerdo que, cuando era niño y nos íbamos de viaje en familia a la playa o a la montaña, la noche anterior casi no podía dormir. Estaba muy ilusionado con todo lo referente al viaje. Ayudaba a hacer mi maleta, metía mis mejores juguetes, hablaba con mi hermano de las cosas que íbamos a hacer. Preparaba el viaje como si fuese el último de mi vida. Recuerdo que sonaba el despertador a las 4:30 de la mañana y era el primero en levantarme con entusiasmo. Quizás solo había dormido tres horas, pero las ganas de viajar eran más grandes que el cansancio.

En el fútbol pasa lo mismo. La ilusión cuando tenía partido era muy grande y mi motivación durante los entrenamientos se incrementaba al saber que el fin de semana me deparaba una oportunidad de demostrar todo lo que sabía. Era feliz cuando sabía que tenía fútbol, aunque fuese un simple entrenamiento.

En el campo todos queremos ganar y hacemos nuestro mayor esfuerzo para conseguirlo. Si perdemos, estamos tristes. Es lógico. Ahora, si los adultos que nos guían nos lo transmiten de forma adecuada, entenderemos que ganar no es lo más importante y lo olvidaremos rápidamente. Sin embargo, cuando perdemos o jugamos mal, hay momentos en los que nos desmotivamos más de lo normal debido a factores externos como el entrenador, los compañeros, nuestros padres, etc. Todo depende del enfoque.

Las personas generan emociones en nosotros que nos pueden afectar o alegrar. Y cuando somos niños, esa sensación suele durar poco tiempo, porque muchas cosas nos motivan. Esta es la clave de este capítulo. Es inevitable vivir sensaciones que nos causen tristeza. La diferencia de adultos a cuando éramos niños es que la desmotivación solía durar poco tiempo. Llorábamos, nos enojábamos o gritábamos, pero luego, una hora más tarde, volvíamos a ser felices.

Eso quiere decir que la motivación depende exclusivamente de nosotros. Una persona puede decirnos muchas cosas negativas que nos afecten o no; depende de nosotros. En resumen, es nuestra decisión. Nadie puede motivarnos si no queremos o no estamos dispuestos a escuchar y a entender el mensaje.

Muchas personas creen que en la vida les tienen que llegar cosas que les motiven para ser felices. Y en realidad, la felicidad empieza por encontrar nosotros mismos ese punto de motivación, dando el enfoque correcto a las situaciones y la importancia justa que se merecen los problemas que tenemos, haciendo lo que nos gusta, lo que sentimos y queremos para nuestra vida. Aunque no es fácil, lo entiendo. Lo importante es que estemos de acuerdo en que depende de nosotros.

Cuando somos futbolistas elegimos estar motivados porque nuestra pasión por el fútbol se incrementa a medida que vamos mejorando. Y puede que llegue el fin de semana y perdamos el partido 8 a 0. Puede que nos hayamos metido un autogol o fallado muchos pases. Incluso puede que no hayamos ni tocado casi el balón en el juego. Al salir del partido estaremos tristes, desanimados. Pero, normalmente, una hora más tarde estamos felices comiendo algo, jugando con los amigos o viendo televisión.

No nos quedamos lamentando durante días. No sufrimos todas las noches, no estamos de mal humor ni dejamos de comer o de hacer lo que nos gusta porque estemos tristes. Y quizás ese partido que perdimos era importante para nosotros. ¿Y por qué de adulto no es así? Nadie nos ayuda a reflexionar en esta situación cuando vamos creciendo. Si pensamos un poco en esto, entendemos que la vida son momentos y que, según el enfoque, la calma llega antes o después.

¿Cuánto tiempo pasamos tristes por algunas circunstancias que no podemos controlar? ¿Cuántas veces nos han afectado las cosas que nos han dicho compañeros, amigos, familiares o jefes? ¿Cuánto nos dura el orgullo cuando nos molestamos con alguien? ¿Cuánto tiempo pasamos lamentándonos en la cama por un error que hemos cometido?

He cometido errores que también me han desmotivado y entristecido. He pasado noches pensando en problemas, me he sentido traicionado o decepcionado, he fallado en situaciones y he perdido oportunidades. Pero jamás he invertido tanto tiempo sufriendo por alguna circunstancia que no puedo cambiar.

No sé qué pasa por la mente de muchas personas cuando se enfrentan a diversos problemas. Yo lo sufro un rato y luego decido qué aspectos voy a cambiar. Y lo hago, pensando en cómo mejorar o en si realmente puedo hacer algo para modificar la situación. Si no, centro mis pensamientos en lo que sí puedo hacer. De esa forma, ignoro a quienes me hicieron daño y sustituyo mi energía negativa por motivación para seguir construyendo mi futuro.

Me encanta escuchar a las personas y dar opiniones personales de cosas que he vivido. Mis amigos me agradecen cuando les doy puntos de vistas desde mi experiencia, lo que les ayuda a reflexionar en sus vivencias. Me gusta analizar y observar comportamientos; lo hago desde niño. Y he hablado con muchas personas de problemas o circunstancias que les sucede en su vida. **Es común ver que algunos sufren el dolor durante un tiempo muy largo, aunque muchas veces no se trata del problema, sino del enfoque**.

Hay dolores que se entienden. El fallecimiento de un ser querido, no poder dar de comer a los hijos, enfermedades de familiares y etcétera.

Esos son dramas, y producen emociones difíciles de controlar. Pero como dice Víctor Küppers, conferencista español con quien comparto muchas ideas y que me anima en momentos difíciles:

«Una cosa son dramas y otra son circunstancias que resolver. Y cuando uno tiene circunstancias a resolver, no tiene derecho a perder la alegría». «¿Es una circunstancia que resolver? Gestiónala y acaba.» «No podemos evitar emociones negativas, pensamientos negativos; no lo podemos evitar aunque sea una chorrada (tontería). Ahora, si tú sabes que es una chorrada, desahógate y acaba».[*]

Me encanta esa conferencia sobre el poder de la actitud. **Creo que es un vídeo que deberíamos ver en muchos momentos de nuestras vidas, ya que nos ayuda a pensar que a veces los problemas que tenemos no son tan graves.** Por eso debemos desahogarnos, quitarnos esa emoción y retomar nuestra motivación valorando lo que somos. Porque, como dije antes, la motivación depende de nosotros. Por otra parte, entiendo que a veces es difícil gestionar las emociones, pues los sentimientos también tienen un factor importante en nosotros.

Sin embargo, cuando superamos una situación triste y luego llega a nuestra vida una nueva ilusión, la sensación es espectacular. Es difícil describir cómo nos sentimos cuando nuestro corazón late de emoción, inspiración y ganas, retomando la energía para afrontar la vida. Ya sea por conseguir alguien especial, o un nuevo trabajo o que te vaya bien en un proyecto. O simplemente por escuchar las palabras de alguien.

* https://www.youtube.com/watch?v=73sEuw3LYaM&t=491s

Pasar a motivarnos después de un momento triste es una herramienta que nos ayuda a sacar nuestra mejor versión a pesar de las circunstancias. Y sobre todo, con el tiempo, entendemos que la situación que estábamos sufriendo no era tan importante, aunque no éramos capaces de darnos cuenta. De esto de trata la vida, de nuevas ilusiones y proyectos. Es el combustible que necesitamos para superar cualquier obstáculo. Y todo depende de nosotros y de nuestro enfoque.

Cuando entendí esto, mi vida cambió en varios aspectos. Antes me importaba lo que opinaban las personas y dejaba que eso me afectara; como la historia con la prima de mi papá. Pero, aunque me afectaran, rápidamente tomaba acción o me enfocaba en lo que sí podía controlar. Son obstáculos que se presentan y uno decide qué actitud tener, si dejar que nos desmotiven o centrarnos en otro aspecto que nos ayude a cambiar las cosas.

Decidí enfocar mi emoción en lo positivo en vez de lo negativo. Decidí en las cosas que quería pensar y no en las que los demás me estaban condicionando. He tenido y tengo tantas cosas bonitas y positivas a mí alrededor que las negativas demuestran, simplemente, que somos humanos y no podemos complacer a todo el mundo ni hacer todo perfecto.

Ahora bien, ¿qué tiene que ver esto con el fútbol? El deporte fue la clave para reflexionar y hacer cambios en mi vida.

Durante muchos años como futbolista viví situaciones en las que me encontraba muy motivado y otras desmotivado. Era consciente de que mi mejor versión en el campo la lograba cuando era feliz, y que mi rendimiento bajaba cuando estaba triste. Con el tiempo aprendí a no apegarme a esas emociones negativas que me afectaban. Lograba enfocar un mal momento en aprendizajes. Me motivaba pensando en cómo podía hacerlo mejor, porque ya había tenido emociones tristes anteriormente y las había superado centrándome en hacer algo diferente.

Cuando haces lo que te gusta y vives momentos tristes, aprendes a llevar las situaciones de una forma menos dramática y a pensar en cómo convertir las circunstancias negativas en positivas. El primer paso para ser felices y estar motivados es hacer las cosas que nos gustan, ya que es la manera más fácil de dejar de ver lo negativo y los problemas para empezar a buscar la solución.

El fútbol me enseñó a encontrar motivación para enfrentarme a varias situaciones. Que los problemas o los momentos tristes no son tan graves, porque al día siguiente tienes nuevas oportunidades. Me enseñó que algunas personas serán un obstáculo en nuestro camino y que no lo podemos cambiar, así que lo mejor es ignorarlas.

Me enseñó a no apegarme a las emociones negativas que sentía cuando perdía por goleada, porque el siguiente fin de semana había otro partido que deseaba jugar con mucha ilusión. Me enseñó a ser feliz con poco y a motivarme rápidamente a pesar de los problemas que tenía.

La vida es difícil. Tendremos momentos de desmotivación producto de circunstancias que no podemos controlar. Cuando somos niños, es muy común sentir esa motivación tras pasar por situaciones tristes. Ayudemos a nuestros hijos a enfocar esas circunstancias en un aspecto importante para su crecimiento. **Enseñémosles a no apegarse a las cosas, a recuperar la ilusión cuando algo no sale como quiere, a enfocar los problemas como aprendizajes y a ser felices pese a los momentos duros.**

Luego, cuando vaya creciendo y tenga momentos tristes en su vida personal, compárale las cosas que ha vivido con el deporte. Estoy seguro de que tendrás muchas herramientas (por ejemplo, historias de su formación) para enseñarle que lo importante no es la emoción que siente en el momento, sino el enfoque que le das para salir adelante, encontrando motivación y energía. Eso ya lo habrá hecho con el fútbol antes, así que no será muy difícil.

Como he dicho antes, la motivación depende de nosotros mismos. **La clave es dejar de ver las circunstancias a resolver como «dramas».** Si son circunstancias que tu hijo o hija puede solventar, debe gestionarlo, desahogarse y encontrar la solución o volver a intentarlo, porque tendrá más oportunidades (como las tiene en el fútbol cada fin de semana). De esa forma, entenderá desde joven que no debe darle tanta importancia a cosas que no puede controlar y a ser feliz porque lo decide.

Cuando estamos motivados y dejamos de ver los problemas como el fin del mundo, se consiguen soluciones con menos esfuerzo. Ese cambio de pensamiento se transforma en un mejor rendimiento

personal y profesional y, por consecuencia, en más oportunidades de conseguir nuestros objetivos. Transmitir felicidad y alegría nos puede dar muchas oportunidades en la sociedad. Se lo garantizo.

CAPÍTULO 9

Celébralo como si fueses campeón

«Ganar, ganar y ganar», es la frase que se usa en muchos de los equipos cuando, antes del partido, todos los jugadores se acercan para hacer el respectivo grito. Es una tradición; da igual el resultado final. En todo caso, ya sabemos que ganar solo lo puede hacer uno. No hay dos campeones de una misma liga en la misma temporada, aunque… ¿Sabías que ser campeón a veces se celebra menos que lograr la permanencia en la última jornada? Sí, sucede mucho.

Yo he celebrado una permanencia como si fuese el mayor campeonato de mi vida. Había ganado ligas y torneos en varias etapas de mi formación, algunos muy emocionantes y otros con varios puntos de diferencia; una celebración que se esperaba. Sin embargo, la emoción de jugarnos el descenso ante un equipo con el cual teníamos mucha rivalidad fue inigualable.

Participaba en la categoría sub-17 del campeonato regional. Era la división más alta en esa categoría y jugábamos contra los mejores de varias ciudades. Desde el principio nos costó encontrar la dinámica ideal para el nivel de la competición y los resultados no nos acompañaban. En mi caso, pasé lesionado los primeros dos meses de la temporada.

Jugaba de defensor central y destacaba por mi interpretación del juego, buen posicionamiento, velocidad y salida con el balón.

En un partido amistoso de preparación, jugamos contra el Club Ítalo, un equipo de la ciudad. Siempre hubo mucha rivalidad entre ambos clubes y solían ser partidos de mucha tensión para padres, entrenadores y jugadores. A los quince minutos del primer tiempo ya había algunos conflictos por faltas que el árbitro no vio y acciones que generaban cierta polémica.

Unos minutos más tarde yo sería el perjudicado. Iba conduciendo el balón por la zona defensiva y vi a un compañero en el lado derecho de nuestro ataque con opciones de recibir el balón al espacio. El delantero rival, que había sido protagonista de acciones polémicas anteriormente, venía hacia mí con intención de quitarme el balón. Yo me preparé para realizar un golpeo en largo a mi compañero.

Antes de que él llegase a mi posición, logré golpear el balón sin mucha dificultad. Sin embargo, el jugador que venía a quitármela saltó justo cuando golpeé el balón. Su pie derecho cayó en la pierna que tenía apoyada al suelo, impactando por encima de mi rodilla. Sus botas se deslizaron con el peso de su cuerpo y me hicieron un corte en esa zona. Caí al suelo al momento del impacto. No pude aguantar el dolor.

Esa acción generó mucha polémica. Las intenciones del jugador rival no eran muy buenas y todos se dieron cuenta. Nadie salta a esa altura para intentar cortar la trayectoria de un balón que iba en diagonal al otro lado de su posición. No tenía sentido. Me tuvieron que atender en el suelo porque no lograba levantarme. El corte que me había hecho era un poco grande, el músculo estaba afectado y no podía ni flexionar la rodilla.

Hubo discusión entre mis compañeros y los jugadores del Ítalo. Era un partido amistoso y no había un árbitro oficial. Recuerdo que, mientras me atendían, levanté la mirada y vi al chico que había caído sobre mi pierna, sonriendo mientras mis compañeros le recriminaban lo que había hecho.

No podía creer lo que veía. No solo había realizado una acción antideportiva, sino que ni siquiera lograba reflexionar sobre la magnitud de lo que había hecho: cortarme la pierna, impidiéndome levantarme y caminar. Fue un momento de tristeza, pero al mismo tiempo sentí impotencia por no poder levantarme y seguir jugando. No podía creer lo malas que pueden ser algunas personas. No soy un individuo vengativo, pero en ese momento, con 16 años, fue inevitable pensar que había que darle su merecido.

No pudo seguir jugando ese partido amistoso. Su entrenador le cambió tras varios empujones con mis compañeros, aunque se fue con una sonrisa poco agradable. Tuve que salir del campo con la ayuda de otros compañeros y miembros del cuerpo técnico del club. No podía caminar. El corte era profundo y me impedía mover la pierna. Después de un mes casi sin movilidad, pude reincorporarme a los entrenamientos al cabo de dos meses, cuando la temporada ya había empezado.

En nuestro primer partido oficial contra el Ítalo estaba totalmente recuperado y con muchas ganas de ganarles. Ese chico no jugó por una lesión que se había hecho. Yo quería que jugara; deseaba verle en el campo y enfrentarme a él. Todos ansiábamos jugar contra ellos y ganarles. Ese partido acabó en empate a uno, de nuevo con bastante polémica y un expulsado en cada equipo.

Tras completar casi todos los partidos de la liga, el Ítalo estaba en zona de descenso, dos puntos por debajo de nosotros. Tocaba enfrentarnos en la última jornada; en su campo. Era el partido más esperado: si perdíamos, descendíamos. Con cualquier otro resultado descenderían ellos. Nuestro nivel de motivación era enorme, como si se tratase de una final.

Llegó el día del partido. Por supuesto, jugó el delantero que me había lesionado. Me tocó defenderle durante casi todo el partido y la mejor «venganza» que le pude hacer fue impedirle jugar bien. Incluso en alguna acción fui fuerte al balón y se hizo un poco de daño. La diferencia es que yo disputaba el balón en todo momento, como se debe hacer. Acabó molesto porque no pudo superarme.

Fue un partido muy difícil; nos hacían muchas faltas, impidiendo realizar nuestro juego con comodidad. Tuvimos ocasiones claras que no aprovechamos, la tensión era grande. Eso sí, ellos tampoco pudieron marcar gol. Empatamos a 0 y descendieron. Lo celebramos como si hubiésemos quedado campeones. Con 16 años y todo lo que habíamos vivido contra ellos, era inevitable no expresar nuestra emoción con saltos y gritos, aunque a otros les generara tristeza.

Sentí una gran satisfacción sabiendo que no le había dejado marcar goles ni jugar como él quería. Se fue molesto del campo y culpando a sus compañeros por no haber ganado. En la vida no suceden las cosas como en la Tv, donde el malo acepta la derrota y se acerca a felicitar y pedir perdón al final del capítulo. Eso no pasó. Durante el partido me estuvo provocando: me recordaba lo sucedido y decía cosas como «*¿ya te recuperaste, debilucho?*» para desconcentrarme. No lo consiguió, aunque estuvo cerca.

Ese tipo de persona me molesta mucho. Se creen los mejores y quieren burlarse de los demás. En algún momento pensé en darle una patada, pero me controlé. Que hubieran descendido fue suficiente para mirarle al final y sonreír mientras culpaba a los demás. Admito que prefería haberles ganado. El empate me sabía a poco. Sin embargo, sentí la alegría y la recompensa por todo el entrenamiento realizado, toda la preparación emocional para enfocarme en lo que debía y ayudar así al equipo.

En la vida no todo sale como queremos, aunque deba ser lo justo. Pero, cuando nos preparamos, es más fácil conseguir esos pequeños logros. Y cuando lo conseguimos, esa emoción y euforia es inigualable si pensamos que, por muy pequeño que sea, es un trabajo que ha llevado tiempo, esfuerzo y dedicación. Lo vivimos pocas veces en nuestras vidas, y en ocasiones no sabemos cómo disfrutarlo.

Para mí fue una etapa especial y me enseñó que las dificultades dan igual: debemos prepararnos en cada momento, aunque no sea el campeonato. Porque cuando llegue ese día, si lo logras, la emoción puede ser genial si miras el proceso. Era un partido que marcaba el descenso, no el campeonato. Yo pude enfocar mi energía en vengarme del jugador que se burló por haberme lesionado, o en prepararme para esforzarme al máximo en no dejar que hicieran gol; mi pequeña recompensa.

La vida tiene pequeños momentos de alegría que, muchas veces, no vivimos con la euforia apropiada cuando somos adultos. Celebrar cada victoria o mini triunfo personal es la clave para disfrutar del proceso y valorar lo que hacemos. Ser el campeón es muy difícil. Las victorias no siempre tienen que ser el máximo objetivo, sino los pasos que damos. Celébralos como una permanencia. Luego tendrás tiempo de cambiar cosas y mejorar estrategias.

El problema de ser adultos es que solemos enfocar nuestra emoción en los mayores logros y no en los pequeños. Pensamos solo en ganar el campeonato y no en hacer nuestro mayor esfuerzo para conseguir mini objetivos que, en el futuro, podrían servir como experiencias para mejorar. A lo mejor hasta te toca descender un día, pero seguro que durante el proceso aprendiste muchas lecciones que te ayudarán a cambiar estrategias. Y eso será el impulso para lograr más cosas en tu vida.

La alegría no siempre son los títulos. Los niños viven muchas emociones con el fútbol. Celebran un gol de un partido amistoso como si fuese el mejor gol de sus vidas. Están celebrando cada mini logro, no enfocándose en el máximo premio. ¿Has visto un partido de fútbol base en el que un equipo va perdiendo 7 a 0 y un jugador del equipo que no había marcado mete gol? Tienes que ver la alegría con la que celebran ese gol, aunque sea el único que marcó su equipo y vayan perdiendo por goleada. Gracias al enfoque.

Los pequeños logros de los niños son tan importantes para ellos que parecen logros enormes. En cambio, los pequeños logros de los adultos parece que no son importantes. A veces, cuando las circunstancias no son como queremos, olvidamos celebrar nuestras pequeñas victorias y disfrutar de las recompensas. Esa es la reflexión que debemos darles a nuestros hijos cuando empiecen a centrar sus alegrías en las grandes cosas, olvidándose de las pequeñas.

El fútbol es injusto en muchas etapas, porque parece que solo importan los jugadores que marcan los goles y no se reconoce a los demás. Todos son indispensables para conseguir los objetivos grupales. Celebra con tu hijo cada pequeño logro, como cuando quita el balón a un rival, cuando da un pase, cómo golpea el balón, etc. A medida que va creciendo, esos mini logros aumentan de dificultad y podemos premiar las decisiones que toma, la constancia y el resultado en cuanto a su evolución como jugador.

No siempre se puede ganar el campeonato, hay demasiada competencia y el máximo logro está al alcance de pocos. A veces debemos celebrar no haber descendido. Y, aunque descendamos, no debemos enfocar nuestra energía en lo que no se pudo conseguir, sino en los pequeños esfuerzos que hacemos y las pequeñas recompensas que nos dan las situaciones que vivimos.

Hazle entender que los pequeños logros nos hacen felices y nos enseñan lo que podemos conseguir con esfuerzo. Y que cada pequeño logro le acerca a cumplir objetivos más grandes. **Si no celebra los logros, no será capaz de identificar la evolución que está teniendo.**

Disfrutar de las recompensas es ser consciente en todo momento de lo que hacemos, permitiéndonos mejorar como persona. Cuando no celebramos las victorias, por muy pequeñas que sean, no nos damos cuenta de los pasos que estamos dando. Creeremos que no estamos haciendo lo suficiente, porque no tenemos el mayor premio. Eso puede hacer que acabemos abandonando.

No podemos controlar lo que hacen los demás; solo nuestros pensamientos y lo que hacemos para combatir las adversidades. Si educas a tu hijo para que disfrute de las pequeñas recompensas y sigues enseñándoselo durante el crecimiento, estoy seguro de que será consciente de las capacidades que tiene y lo que puede lograr en su vida. Porque celebrar las pequeñas cosas nos da la sensación de estar en el camino correcto, motivándonos a continuar.

CAPÍTULO 10

El enfoque de las oportunidades

No todo es tan bonito como la historia del capítulo anterior. Te preparas para vivir situaciones en las que el resultado puede ser celebrar cosas importantes o no conseguir el objetivo. Y puede que fallando tengas una nueva oportunidad, pero podría ser más complicada que antes o volver a fallar en el proceso, o quizá otra persona condicione el resultado. Pueden pasar mil cosas. **Por mucho que te prepares, nadie te garantiza que acabes consiguiendo todos tus objetivos o que triunfes**. Te cuento una breve anécdota.

Tenía doce años, jugaba para un equipo de mi ciudad y habíamos perdido la liga en la última jornada contra nuestro máximo rival. En esa ocasión perdimos el partido 3 a 1 y celebraron el campeonato en nuestro campo. Fue un día muy triste porque no jugamos bien, ellos fueron mejores y el resultado final era justo. Sabíamos que tendríamos la oportunidad de volver a jugar contra ellos, porque éramos los equipos favoritos del campeonato. Nos preparamos para ese día.

Unas semanas más tarde llegó el momento esperado. La final de un torneo regional contra el mismo equipo. Estábamos muy animados antes de empezar y con mucha confianza. Jugamos muy bien ese partido y tuvimos muchas ocasiones de gol, pero el gol se resistía. Seguíamos empatados a cero.

En los minutos finales tuvimos una oportunidad muy buena; un balón que pegó en el palo derecho del portero rival y salió fuera. Habíamos estados muy acertados en defensa, impidiendo al rival generar casi ocasiones de peligro. Todo apuntaba a que el partido se iría al tiempo extra.

En la última acción del rival, golpearon un balón hacia nuestra defensa y hubo un fallo de comunicación entre un defensor que dejó seguir el balón y Juan, el portero, quien le pedía que lo echara fuera. Un delantero del equipo rival estaba muy atento a ese balón. Corrió para buscarlo y se quedó solo ante el portero. Golpeó entonces el balón, colocándolo a un lado de Juan. Éste se lanzó, pero no llegó a tocarlo: el balón pegó en el palo derecho, luego en el otro palo y entró. Nos habían ganado el partido con la última jugada, como si se tratase de una película. No lo podíamos creer.

Hicimos un partido casi perfecto a nivel defensivo y creando muchas ocasiones en ataque. Un detalle hizo que nos marcaran gol en la última jugada. Un pequeño error nos costó el torneo. Ese día fue muy triste para todos. Cuando juegas un partido de ese nivel, después de lo vivido y de sentir la victoria tan cerca, la sensación es peor que perder una final por goleada.

Volvimos a jugar en la liga unas semanas más tarde en dos oportunidades. Acabamos ganando ambos partidos. Fueron días emocionantes, aunque no tenían la misma importancia porque no nos jugábamos un torneo o una liga. Nos seguía pareciendo muy injusto perder la final del torneo en los últimos minutos. Por mucho que les ganáramos luego, no tenía el mismo impacto en nosotros.

Nuestro enfoque estaba en el torneo o en la liga que perdimos y no en el proceso. Estábamos equivocados. El problema es que la sociedad tampoco ayuda: se le da mucha importancia a quién queda campeón y no al proceso. Eso nos condicionaba. Quizá surgirán nuevas oportunidades o situaciones en nuestros proyectos, pero puede que los resultados no cumplan con nuestras expectativas.

Nos educan diciendo que la vida nos da revanchas y nuevas oportunidades para las cosas que queremos. Efectivamente, tendremos más ocasiones de hacer algo diferente para conseguir resultados distintos. Pero no todo es como en las películas.

Hay circunstancias en la vida que no podemos controlar, aunque nos preparemos mejor para una nueva oportunidad. Lo importante es el enfoque que le damos. Podemos optar por el máximo logro o por los pequeños logros, como comenté en el capítulo anterior. Siempre teniendo en cuenta que una oportunidad es un motivo más de aprendizaje y no garantiza el éxito.

Debemos entender que hay otras personas que se esfuerzan por lo mismo que tú quieres y que pueden tener más herramientas para conseguirlo. Conocer nuestras capacidades y reconocer el nivel que tenemos en un área es el primer paso para mejorar en cualquier aspecto, al igual que ser realista y coherente. No se trata de ponernos límites; simplemente de saber que, para alcanzar ciertas metas, algunas personas requieren esfuerzos más difíciles mientras otras lo consiguen con menos trabajo.

Un entrenador de fútbol de España que ficha por el Cádiz CF es consciente que, con el presupuesto que tiene actualmente, ganar la liga de España es casi imposible. Por muy bien que jueguen y por muchos resultados favorables que obtengan, los equipos con mayor presupuesto suelen tener mejor rendimiento a largo plazo.

En primera división, muchos partidos se definen por acciones de jugadores estrellas, y esos cuestan millones. ¿Qué equipos tienen acceso a esos jugadores? Ya sabemos cuáles. Los demás se tienen que conformar con jugadores de gran nivel, pero no estrellas. Todo entrenador quiere ser campeón de la liga, pero el objetivo realista para una situación como la del Cádiz CF es mantener el equipo en la primera división. Eso sería un gran logro.

En otras ocasiones, las oportunidades nunca serán iguales o no tendrán la misma influencia en nosotros. Así como me pasó perdiendo dos partidos claves. Esa fue la primera anécdota que recuerdo, aunque luego viví muchas circunstancias en el fútbol que me llevaron a reflexionar sobre la importancia del enfoque.

He tenido muchos entrenadores que, tras perder un partido importante, nos decían que no nos preocupáramos: tendríamos la oportunidad de ganar en otro momento. Recuerdo que decían que la vida nos daría la revancha para conseguir el éxito. No siempre es así, pero debemos hacer todo lo que esté en nuestras manos para llegar a ese momento de la mejor forma posible.

Lo mismo pasa en el enfoque de las oportunidades que nos surgen en la vida, o las revanchas. Debemos prepararnos para cualquier circunstancia que queramos afrontar y que en un principio no salió como queríamos; eso está claro. Si no consigues el objetivo en una primera instancia, tienes dos opciones; o esforzarte más para la siguiente oportunidad, o no hacer nada para cambiar las circunstancias (resignarte).

El resultado final no siempre es determinante, aunque entiendo que todos luchamos por un objetivo y queremos alcanzarlo. El tema es que hay factores que condicionan, objetivos muy grandes en función de nuestra preparación, conocimientos o circunstancias que puedan ocurrir durante el proceso. Sin embargo, esforzarte y dar tu mejor versión en las oportunidades de la vida, acaba abriendo puertas aun cuando parecían cerradas por completo.

El fútbol me ha enseñado que podemos tropezar muchas veces, que las oportunidades nos llegarán nuevamente, y que quizá volvamos a fallar por no estar preparados para afrontarlas. Que hay factores que influyen en conseguir el objetivo final. Y, sobre todo, que lo más importante es valorar el proceso individual que hemos tenido, porque es lo que nos lleva al éxito personal.

He tenido nuevas oportunidades en mi vida en circunstancias en que no pude acertar a la primera. Me he preparado y algunas veces he conseguido el camino que quería. En otras ocasiones he vuelto fallar, pero en vez de rendirme, he vuelto a prepararme para intentarlo. Finalmente, **he acabado obteniendo experiencias, logros y nuevas oportunidades producto de seguir intentándolo**.

En algún momento de mis intentos, me di cuenta que era tarde para seguir buscando algún objetivo o que iba por el camino incorrecto. Las oportunidades también tienen su momento porque la edad y las circunstancias influyen. Pero, aunque se cerraba un ciclo, se abría otro con nuevos objetivos. Todo gracias a ese esfuerzo previo y a no ver los fallos como un fracaso. Esto es lo que debemos aprender de las oportunidades.

Quería ser futbolista profesional y lo intenté. Hoy en día entiendo que, aunque me esforzara mucho, no estaba entendiendo todo el proceso que se necesita para jugar en primera división. Hay requisitos básicos que debemos cumplir para diferenciarnos de los demás y tener alguna oportunidad en función de la posición en la que juguemos, además de ser buenos. Por mucho esfuerzo que hiciera entrenando, era muy difícil conseguir mi objetivo. Por eso escribí el libro: para ayudar y orientar a jugadores que tengan esos objetivos.

Me fue difícil entender este punto de joven, porque siempre fui un jugador muy competitivo y ambicioso. Me sentí muy triste cuando, después de tantos años intentando ser futbolista profesional, no conseguí mi objetivo. Sin embargo, se me abrieron muchas puertas, conocí a muchas personas y tuve oportunidades que me llevaron a ser entrenador, además de a ayudar a otros con mis experiencias y conocimientos.

En conclusión, no haber conseguido el objetivo de ser futbolista profesional me ha ayudado en mi formación y en oportunidades en otras etapas de mi vida. Soy consciente de que no estaba preparado para ese gran reto en ese momento. Estoy muy feliz porque, gracias a esas experiencias, he aprendido a reflexionar en las cosas que hago y a estar atento en nuevas oportunidades que surgen gracias al proceso.

Esta idea es difícil de entender cuando somos jóvenes, ya que no somos conscientes de ello hasta que reflexionamos en lo que hemos vivido y en las oportunidades que han surgido producto nuestras experiencias. Por eso, como padres, **debemos transmitir que las oportunidades no son una revancha solo para ganar, sino un motivo para seguir creciendo personalmente con esfuerzos.**

Además de darle a tu hijo vivencias que fortalecerán su personalidad y le ayudarán a seguir intentando conseguir todo lo que quiere, el fútbol le abrirá muchas puertas para un crecimiento personal. Porque, **si se da el enfoque correcto a sus fallos, no verá el fracaso como un motivo para rendirse, sino para buscar una nueva oportunidad**.

Cada experiencia que tenga como jugador es una oportunidad para mejorar. Cada fallo que tenga le hará más fuerte ante las adversidades. Cada vez que intente algo de nuevo en el campo y no le salga bien, buscará consciente o inconscientemente una manera de mejorarlo. Y cada día tendrá una nueva oportunidad en circunstancias diferentes para hacer algo que no pudo hacer antes. **Todo esto puede ocurrir si enfocamos las oportunidades como una formación personal**.

Lo especial del fútbol es que le va a enseñar a no rendirse, siempre y cuando le ayudemos a ver el deporte como un disfrute y no como una competición. De lo contrario, podemos acabar frustrándole. Transmítele que debe esforzarse en toda circunstancia. **Enséñale que, cuando no logre conseguir el objetivo que desea, es posible que tenga nuevas oportunidades más adelante. Pero, si no se prepara, lo más probable es que el resultado final sea el mismo de antes.**

Según el enfoque que le demos a las cosas, podemos mejor afrontar las circunstancias complicadas y ser capaces de ver más oportunidades. Sin embargo, sin haber vivido situaciones que fortalezcan nuestra personalidad ante fallos o momentos de tristeza por no conseguir nuestros objetivos, será más difícil confiar en nosotros en una nueva oportunidad, afrontar nuevos retos y no tener miedo a fallar. Así es como el fútbol puede ayudar a tu hijo con el enfoque correcto: preparándolo para la vida.

CAPÍTULO 11

Cuantos más estímulos, más respuestas

Nuestros comportamientos, nuestras creencias, el carácter y nuestra forma de ver la vida son el resultado de todas nuestras experiencias. Desde que somos niños vivenciamos muchas cosas que permiten reforzar las creencias que nos enseñan nuestros padres, o encontrar ideas que se ajustan a nuestros gustos personales. **Cuantas más experiencias tenemos desde jóvenes, más rápido aprendemos a responder a ciertas situaciones de adultos.**

Nos hacemos más fuertes o débiles ante las circunstancias por el entorno en que nos hemos formado y las experiencias que vivimos. No hace falta ser psicólogo para entender que la crianza es importante para el futuro de cualquier persona. Sin embargo, la vida nos enseña muchas cosas en el camino que pueden modificar las creencias que hemos tenido. Incluso de forma radical.

Un niño que ha vivido en una familia de pocos recursos experimenta situaciones diferentes a las que vive un niño de una familia rica. No se trata de clasificar a los grupos, sino de entender las diferentes experiencias que se viven en diferentes entornos. Igualmente pasa con el deporte. Un niño que nunca ha practicado ningún deporte durante su crecimiento tendrá experiencias y aprendizajes diferentes a las de un niño deportista. No es mejor ni peor; solo diferente.

Bajo mi punto de vista, es importante que un niño realice diversas actividades deportivas que le ayuden a relacionarse con otros niños y a vivir diferentes experiencias. Aunque esto parece lógico, no reflexionamos en el impacto que puede tener en el futuro para nuestros hijos. La forma más fácil de distraerlos es dejándoles jugar con la PlayStation o con el móvil, y en muchas familias se les deja más de 6 horas al día, todos los días. ¿Y el deporte u otra actividad?

Tampoco quiero decir que a un niño con talento para la informática deba quitársele la posibilidad de desarrollarlo. Simplemente moderar el uso de la tecnología en forma de distracción y fomentar el deporte como desarrollo personal. Un niño sin actividades deportivas no solo pierde la oportunidad de desarrollarse físicamente, sino que le cuesta más relacionarse con otros compañeros e incluirse en la sociedad.

Si analizamos la evolución que estamos teniendo en los últimos años con la tecnología y la sociedad, tener un título de ingeniero, doctor o informático ya no parece ser suficiente. Estamos entrando en una sociedad donde las redes sociales empiezan a decir lo que somos y lo que queremos. Todos empiezan a ser líderes, a grabar vídeos, a informar y a implementar estrategias en distintas áreas con el fin de atraer personas interesadas en lo que comparten.

Si no somos capaces de comunicarnos con las personas, de trabajar en grupo, de ser un líder y de transmitir una idea, no seremos tomados en cuenta en unos años. Es hacia donde parece que vamos. Una sociedad que tiene hambre de emprender, de experimentar y de crear. Por eso, aunque tengamos un título universitario, debemos formarnos constantemente en diversas áreas.

Cuantas más experiencias tenemos durante el crecimiento, más fácil nos desenvolvemos ante las circunstancias y los cambios sociales. Uno de los puntos más importantes en la actualidad está en las relaciones interpersonales y en afrontar las circunstancias de la vida. Si no conectas con los demás, te cierras oportunidades. Y hay muchos que viven alejados de la sociedad, escondidos detrás de una pantalla de ordenador.

Si te relacionas con otras personas, si transmites buena energía y si ven en ti una persona productiva, tendrás muchas oportunidades en casi todos los ámbitos de tu vida. Y más en el futuro por la tendencia que llevamos los últimos años. Y, si has tenido que afrontar diversas dificultades desde joven, será más fácil arriesgarte, aprender y sobresalir en las cosas que se te presenten. Tenemos que ser más creativos porque en los momentos difíciles es cuando las personas empiezan a reinventarse. Para ganar dinero debes ser bueno entreteniendo a alguien o ayudándoles en lo que necesitan.

Nadie nace aprendido. Enfrentarnos a nuevas circunstancias, sin tener experiencias previas, genera un miedo interno que nos impide arriesgarnos a tomar decisiones; ya sea por evitar las opiniones de los demás o por el miedo al fracaso. En cambio, **si hemos vivido experiencias de diferentes tipos, es más fácil controlar las emociones**

ante nuevas situaciones o los cambios que ocurran. No dejaremos de tener miedo ante una circunstancia desconocida, pero no permitiremos que el miedo nos paralice.

Cuando un niño empieza a jugar al fútbol, todo es nuevo. No sabe dar un pase ni controlar un balón; es un proceso de aprendizaje lento. Aunque, con ganas de aprender, a ese niño le da igual fallar. Reconoce que, aunque no tiene idea, quiere aprender y lo intenta con el ánimo de su entrenador o de sus padres; a su ritmo. Con el tiempo empieza a dominar los fundamentos básicos del juego.

Cuando llega el primer partido, es probable que tenga algo de miedo. Suelen ser nervios que puede controlar. En pocos casos ese miedo le frena: los entrenadores le damos la confianza para que se atreva. Él ve cómo otros niños lo hacen y se anima. Puede costar un poco, pero una vez que lo hace, la segunda será más fácil. Empieza a sumar experiencias.

Ese niño ha pasado de no saber nada de un deporte a ser capaz de jugar un partido. Y no importa el resultado final, si tocó el balón o no. Lo que importa es que se atrevió, corrió, compartió con sus compañeros y sintió esa sensación de hacer algo nuevo en un área que le gusta. Cada fin de semana tendrá un partido y eso le emocionará cada vez más.

Imaginemos que hay un penalti a favor de su equipo en su segundo partido, ¿crees que va a tirarlo él? Si el entrenador no le dice nada, quizás ni se lo piense. Habrá otros niños interesados. Cuando pase el tiempo, haya practicado más y tenga más confianza, se planteará tirar un penalti. Y lo pedirá.

Luego le tocará jugar una final. Estará muy nervioso; nunca ha vivido una circunstancia de ese estilo. El miedo ya no le paraliza tanto porque domina los aspectos básicos del juego y sabe lo que tiene que hacer. Quizá su rival es mejor, quizá pierda el partido... pero esta vez no va a dudar en jugarlo.

Si el rival es muy superior durante el partido y les empiezan a meter goles, quizás le entre algo de miedo o desconfianza, pudiendo hacerse el lesionado en alguna circunstancia para no seguir jugando. Es normal. Ahí solemos intervenir los entrenadores o los padres para animarle. Cuantas más experiencias, más preparado estará para afrontar esa emoción en otra oportunidad. Debe seguir el proceso de aprendizaje.

He trabajado con este tipo de niños en muchas ocasiones. Pasan de no tener idea del juego a quererlo todo. Necesitan tiempo, aprendizajes, experiencias. Por muchas vivencias que hayan tenido, no se les quitará el miedo de jugar finales, aunque sí lo afrontarán con más seguridad, ya que han estado preparándose para ese momento. Han tenido que controlar y afrontar las emociones en diversas ocasiones. Cuantas más experiencias vayan sumando, más se fortalece su confianza y su personalidad.

Pero ¿qué significa la personalidad? Es un patrón que abarca las actitudes, pensamientos o sentimientos de una persona en el día a día. En conclusión, **cuantas más experiencias y sentimientos viva un niño durante su infancia, más pensamientos irá creando sobre sí mismo, dándole la confianza para enfrentarse a diversas circunstancias**.

En cambio, cuantas menos experiencias tenga un niño, más difícil le será afrontar situaciones complicadas. Al no reconocer los sentimientos que le genera un problema, más temor tendrá al afrontarlo. No se trata solo de que aprenda a resolver problemas, sino de estar más preparado para confrontarlos.

Conozco a muchos padres que limitan a sus hijos en casi todo lo que hacen. Controlan qué deben hacer en cada momento y los sobreprotegen en cada situación, intentando que no se equivoquen nunca. Los padres tienen la labor de cuidar a sus hijos, eso lo entiendo. Lo que no deben es privarles de toda creatividad y controlar todo lo que hacen. Son niños. Se van a equivocar, se van a caer, se van a golpear. Así se aprende.

Los niños tienen que vivir experiencias que les permitan reflexionar. Claro, debemos protegerles ante situaciones que puedan dañar su integridad o generarle un gran daño emocional. El problema es que, si controlamos hasta cómo deben coger un cubierto, difícilmente estarán preparados para pensar y decidir cuando no haya nadie diciéndoles qué deben hacer.

La escuela genera experiencias muy productivas en un niño. Aprende a compartir en grupos, a tener amigos, a cumplir con responsabilidades, etc. Y con cierta libertad, porque sus padres casi nunca están presentes para controlarles. El fútbol también genera aprendizajes de mucha importancia para la vida porque nace desde una pasión, es decir, desde algo que disfruta mucho. Eso significa que el aprendizaje puede ser muy significativo.

Sumar experiencias y emociones, resolver situaciones y afrontar el miedo fortalece la personalidad de un niño en cuanto a sus pensamientos, creencias y actitudes. **A medida que vaya creciendo, con la interacción social que le genera el deporte, aprenderá a comunicarse y desenvolverse en situaciones de la vida. Irá perdiendo el temor a los cambios, pues no será la primera vez que tenga que enfrentarse a nuevas emociones.**

Ya he mencionado en otros capítulos las cosas que vive un niño en el deporte, desde las alegrías hasta las injusticias. Vivir una emoción triste por primera vez genera un impacto en nosotros. La segunda vez nos sorprende un poco menos. La tercera, nos hacemos la idea de que no se puede cambiar y pensamos cómo contrarrestarlo. La cuarta vez evitamos que vuelva a suceder. No siempre es el mismo orden, pero acabamos aprendiendo con el enfoque correcto; haciéndonos más tolerantes a los cambios y a las circunstancias.

De eso se trata la vida. Ese debe ser el enfoque en el aprendizaje. Es muy importante que un niño viva muchas experiencias en el deporte, en la escuela y en la vida, porque de esa manera tendrá más confianza y mejores pensamientos para consolidar sus propias creencias.

A veces, las creencias que tenemos en situaciones son erróneas. La buena noticia es que, todo puede cambiar cuantas más experiencias vayamos sumando. El verdadero problema es cuando un niño no tiene capacidad de reflexionar en nada de lo que hace, ni en la toma decisiones. Se vuelve vulnerable ante la vida, porque no tienen la curiosidad ni la reflexión necesaria para afrontar diversas situaciones. Eso genera que tenga más temor a afrontar los problemas o las oportunidades que surjan por miedo a lo desconocido.

No controlemos todo lo que hacen nuestros hijos. **Estemos pendientes de que sus fallos sirvan de aprendizajes, sin causarle un daño físico o emocional (aplicar el sentido común)**. Enseñémosles el deporte como un aprendizaje para la vida, las cosas buenas y las cosas no tan buenas. Permitamos que nuestros hijos vivan el temor, la tristeza, la alegría y demás sin sobreprotegerles ni justificarles cada situación.

Démosles la libertad de que sean creativos, de que inventen, fallen, se equivoquen, discutan con algún compañero, lloren, o griten. Es mejor que tu hijo viva esas emociones con el deporte desde joven, porque le enseñarán a dominar esos sentimientos durante su formación y le prepararán para las emociones de adultos. Y si el deporte es el fútbol, ya sabes que el aprendizaje se duplica por la cantidad de personas involucradas y las experiencias diarias.

CAPÍTULO 12

¿Cuánto se está dispuesto a sacrificar?

Cuando era niño iba casi todos los años con mi familia a Mérida, una ciudad muy bonita de Venezuela donde ver las montañas, paisajes y desconectar de la ciudad. Hacía frío en cualquier época del año. Aunque el clima en todo el país es tropical, alguna vez nevaba en esa zona y tuvimos la suerte de ver la nieve en un par de ocasiones. Disfrutaba mucho todas las vacaciones porque era un momento familiar muy especial. Siempre íbamos con mis tíos y primos, con los que jugábamos a juegos de mesa, al fútbol y a la PlayStation. Son recuerdos que nunca se olvidan.

A partir de los 14 años, mi compromiso con el fútbol se incrementaba por la ilusión que me hacía. Tenía que entrenar en épocas de vacaciones, participaba en torneos para mantener mi ritmo de entrenamiento y entrenaba por las mañanas con algunos amigos para mejorar mi nivel. Tuve que dejar de ir a algunos viajes para quedarme entrenando. Sentía que, si quería llegar a ser futbolista profesional, debía aprovechar todas mis oportunidades para mejorar cuando otros se iban de viaje.

Sabía lo que quería y lo que debía hacer; pensando en la decisión que me acercara a cumplir mi sueño profesional. Pero era inevitable no sentirme triste al recordar todo lo que me estaba perdiendo de mis viajes favoritos. Mi familia estaría disfrutando de vacaciones en un sitio que me encanta mientras yo debía entrenar. Lo más importante en ese momento eran mis objetivos. Visto en este sentido, parece que no había mucho problema con mi decisión, aunque no era tan fácil. Era joven y quería hacer ambas cosas.

En muchos momentos de la vida tendremos que decidir entre lo que debemos hacer y lo que nos gustaría disfrutar. **Si elegimos lo que más queremos en un momento, quizás nos estemos alejando de lo que debemos hacer y de lo que realmente deseamos en el futuro**. Nunca lograremos saber si la decisión es la correcta una vez tomada. Todo es relativo y a veces necesitamos desconectar de los deberes. Pero no podemos olvidarnos de nuestro objetivo.

Es normal que empecemos a posponer nuestras obligaciones para hacer lo que nos ilusiona en un momento determinado. Me ha pasado esto muchas veces y estoy seguro de que a ti también. **Cuando lo que queremos requiere un largo proceso y periodo de tiempo, es fácil posponerlo con pequeñas cosas que son más fáciles de cumplir y nos generan una satisfacción inmediata**. El resultado es que, a la larga, es más difícil volver a comprometerse con lo que se debe hacer sin caer en la tentación de distraerse.

Tengo un amigo que empezó a escribir un libro hace unos años. Tiene muchos conocimientos y estoy seguro de que su libro se venderá mucho cuando lo acabe. Un día le pregunté que por qué no lo había acabado y me respondió que no había tenido oportunidad, porque sus demás proyectos le quitan tiempo y debe resolverlos inmediatamente. «Algún día lo acabaré», añadió.

Le entiendo. Hay momentos en los que me ha pasado lo mismo. Ahora, ¿qué crees que pasará cuando vuelva a retomar el libro? Debe volver a releerlo todo con calma y reestructurar sus ideas, porque seguramente querrá cambiar cosas y puede que le parezca más difícil volver a la rutina de escribir. Quizá pase mucho tiempo hasta que lo consiga. Es un proyecto a largo plazo y hace que el sacrificio sea más difícil con la rutina de la vida.

Los sacrificios son etapas importantes en nuestras vidas. Nos generan emociones, sentimientos, aprendizajes y experiencias. Nos ayuda a fortalecer la personalidad y a tomar decisiones con reflexión. Cuanto antes tengamos experiencias en las que haya que decidir lo que debemos hacer por delante de lo que nos gustaría en un momento puntual, aprenderemos a controlar esas ganas de procrastinar de una forma más fácil.

Soy una persona inquieta, curiosa y cada día pienso en nuevas ideas profesionales y personales. No me gusta quedarme sin hacer algo productivo al día. El problema es que tener tantas ideas en mi mente me hace posponer a veces lo que debo hacer o lo más importante. Me ilusionan tantas cosas que termina siendo un problema a la hora de priorizar.

Lo bueno es que he tenido tantas experiencias de este tipo que, aunque pase un par de días sin hacer nada, pensando en mis obligaciones o en dónde enfocar mi energía, acabo reflexionando, centrándome y retomando lo que realmente debo hacer sin perder el ritmo. Es decir, no lo pospongo durante tanto tiempo. Me distraigo un poco en el proceso, pero me es fácil retomarlo nuevamente. Otras personas lo van cancelando a diario hasta que les es difícil volver.

Lo que más nos cuesta a los seres humanos es culminar tareas pendientes si exigen un sacrificio enorme. Como dije antes, si lo que debemos hacer requiere un esfuerzo complejo o a largo plazo, lo más normal es posponerlo. Algunos ni siquiera lo intentan porque parece inalcanzable.

Una amiga me dijo un día: «*Cada día céntrate en hacer un poco de tu proyecto; no tienes que hacer muchas horas. Y luego, siéntete feliz por el paso que has dado ese día. Verás cómo avanzas rápido sin darte cuenta*». Tenía razón. Pienso que debemos plantearnos objetivos pequeños cada día para conseguir objetivos grandes. Es muy difícil dedicar tantas horas a nuestros proyectos diarios: el cansancio o la distracción siempre estarán presentes.

No obstante, si hacemos el sacrificio de dedicar un poco de tiempo cada día a nuestros proyectos, notaremos resultados en muy poco tiempo. En vez de ver televisión o usar el móvil para distraerte cuando llegas de trabajar, céntrate media hora en algún proyecto que desees. Cuando veas los avances que llevas, te motivaras tanto que buscarás sacar más tiempo para el proyecto. El «algún día lo haré» nos hace pensar que es muy difícil, y puede que al final nunca decidas hacerlo.

Este capítulo es una reflexión adulta para luego poder transmitir las ideas a nuestros hijos. Si no entendemos que los sacrificios son partes de nuestras vidas, no podremos enseñarle ese valor a nadie. Tampoco quiero transmitirte que debemos sacrificar todo por nuestros sueños o proyectos, no. No hay que radicalizar la idea.

A veces, debemos hacer lo que sentimos en el momento para distraer nuestra mente y disfrutar un poco. Hay cosas que pueden esperar. Pero no todos los días podemos posponer lo que debemos por los momentos de gratificación. Si nos acostumbramos a eso, nos puede costar volver a retomar los proyectos de nuestra vida.

Hace poco me escribió por Instagram un chico que había leído mi libro; tendría unos 15 años. Me comentó que un amigo de él le había invitado a ver un partido de primera división el sábado por la tarde, pero ese día jugaba también con su equipo en el mismo horario. No sabía qué hacer y me preguntó si podía ayudarle a decidir entre ir a ver el partido de primera división, porque le ilusionaba, o jugar su partido con su equipo.

Mis palabras fueron muy similares a las que he transmitido en el párrafo anterior: «*Lo que te diga no es muy objetivo porque también hay que entender tus razones. Que faltes un partido no significa que no quieras jugar al fútbol o que no estés comprometido con tu equipo. Si algo te ilusiona mucho, hazlo de forma consciente. Ahora, ten en cuenta que no será la primera vez que tengas que tomar decisiones de este tipo. Si aceptas todas las invitaciones que te limitan en tu camino a lo que deseas a largo plazo, te alejarás de tus metas y será muy difícil volver a comprometerte. Depende de lo que realmente quieras. Sé consciente de la decisión que tomas, pero no olvides adónde quieres llegar».*

En mi mente pienso que, si tiene 15 años y desea ser futbolista profesional, ir a ver un partido de fútbol no es un gran argumento para faltar a un compromiso. Aun así, habría que analizar el contexto. Entiendo perfectamente la sensación que puede tener al ir estadio por primera vez, si ese fuese su caso. Y por un día no pasaría nada.

Ahora bien: si ha ido a ver muchos partidos de primera división y solo va porque le invitó un amigo, ¿qué tan comprometido está con el fútbol realmente? Cualquier otro día podrá ir al estadio cuando no le coincida; eso es responsabilidad. Por eso este punto no trata de ser estrictos con los sacrificios, sino conscientes.

Si tu hijo juega al fútbol, en muchas ocasiones tendrá que decidir entre su actividad deportiva o un disfrute momentáneo. Es inevitable. Te he contado una anécdota de viaje que me ayudó a reflexionar sobre esto, pero tengo muchas más anécdotas como jugador y ahora como entrenador.

Con el deporte, los niños que tienen que tomar decisiones entre cosas que le gustan y cosas que quieren hacer. En algunas no podrán opinar y tendrán que adaptarse a lo que los padres decidan; por ejemplo, los viajes familiares. Más adelante, cuando sea un poco mayor, puede empezar a decidir si quedarse en casa porque tiene compromisos o no.

El caso más común es que sus amigos le inviten a cumpleaños los días que tiene entrenamiento o partido. Le invitarán a tantos que muchas veces tendrá que decidir entre lo que quiere en ese momento y su compromiso. Si siempre decide la fiesta y se lo aceptamos, entonces no le enseñaremos el valor de la responsabilidad en su actividad. Debemos ayudarle en el aprendizaje.

Más allá de que no quiera ser jugador profesional, el fútbol es una actividad que él decidió (en la mayoría de los casos) y debe ser responsable. **No podemos dejarle que se decante constantemente por alegrías momentáneas antes que por sus compromisos. No se trata de jugar un partido, sino de cumplir con una responsabilidad. Le estaremos formando para la vida.**

Por el contrario, es posible que le inviten a un cumpleaños el día que tiene un partido importante y sea él mismo quien decida no asistir a la fiesta. Debemos felicitarle por su decisión, ya que valora el compromiso que tiene, pero también recordarle que no solo debe hacerlo porque sea un partido importante. De eso de trata la vida: de ser comprometido con lo que decidimos hacer. Y, si nos distraemos un poco, que sea de forma esporádica siendo conscientes de la decisión.

Si le enseñamos este principio, cuando sea adulto comprenderá que siempre puede haber distracciones entre lo que quiere puntualmente y lo que debe hacer, pero difícilmente olvidará sus objetivos. **Si entiende el valor de sus decisiones y vive experiencias de este tipo desde niño, hará que sea más fácil controlar sus emociones de adulto cuando decida elegir una meta antes que una distracción momentánea, haciendo los sacrificios necesarios.**

CAPÍTULO 13

Sin ayuda estás limitado

No quiero que se me malinterprete: hay muchas cosas que podemos hacer sin la ayuda de nadie. Somos capaces de empezar un proyecto, sacarlo adelante y conseguir resultados sin ayuda. Solo necesitamos la motivación necesaria para cumplir nuestros objetivos. Pero a la larga, si quieres progresar, no hay nada que puedas seguir haciendo solo. Necesitarás una ayuda en cualquier ámbito de tu vida.

Alguno puede discrepar de esta idea, pero explicaré mejor este concepto con un ejemplo profesional para que se entienda la esencia del mensaje. En resumen, sería algo así: «**Tú puedes hacer muchas cosas sin ayuda, pero llegará un punto en el que, solo, no podrás seguir avanzando y necesitarás de alguien que sepa algo que tú no sabes**». Y eso aplica para todo en la vida.

Puedes vivir solo muchos años, aunque es probable que en algún momento tengas la ilusión de querer una pareja, una familia o una mascota. Vivir en soledad toda la vida no es normal, a menos que hayas tenido muchas decepciones. Hay personas que prefieren vivir solas, pero suelen tener una vida laboral o social bastante dinámica.

También podrías trabajar por tu cuenta, ser tu propio jefe, emprender sin la ayuda de nadie durante un tiempo, y si quieres conseguir más cosas, necesitarás ayuda de un contable, un abogado, un empleado, un mentor, etc. Y, si eres un empleado, tendrás que trabajar en equipo en la mayoría de los casos y dependerás de otra persona para estar donde estás.

Todos necesitamos ayuda en algún punto. Incluso cuando enfermamos. Nadie estudia para saber de todo en la vida y, aunque una persona sea muy culta, hay muchas áreas en las que no sabrá qué hacer y tendrá que buscar ayuda, trabajar en equipo y, de esa forma, sacar adelante aquello que necesita.

El problema es que somos egocéntricos desde pequeños, porque nos enseñan que podemos hacerlo todo nosotros sin la ayuda de nadie. No es así. Necesitamos a otros para compartir experiencias, para conseguir alimentos, satisfacer nuestras necesidades. Necesitamos a otros para ganar dinero, tener una familia, etc. Puede ser en forma de ayuda o trabajando en grupo.

Sin embargo, **no necesitas a nadie para luchar por tus objetivos, esforzarte en tus metas y encontrar el camino a lo que deseas. Eso solo depende de ti; de tus pensamientos, tus emociones, tus creencias y objetivos, etc**. Y esto es lo que debemos enseñar a nuestros hijos. La motivación depende de cada uno. Sin embargo, en algún punto necesitamos confiar en otras personas, pedir ayuda y favores, preguntar, hablar, trabajar en equipo, fallar y sentirnos apoyados. Todo esto se puede aprender con el fútbol.

En la escuela de fútbol que dirigía hace tiempo, llevaba 6 años trabajando con el rol de directivo, entrenador, administrador, encargado de material, contador, cobrador, mantenimiento y más. Realizaba todas las funciones. Cuando empecé, tenía un grupo pequeño de niños; doce aproximadamente. Era fácil, podía solo. Gestionaba y dirigía los entrenamientos. Poco a poco fue creciendo y al finalizar el primer año ya tenía a veinte niños.

Al empezar el segundo año ya había unos treinta y cinco niños inscritos. No me daba tiempo a distribuir las categorías para mí solo; necesitaba un poco de ayuda. Si hubiese tenido más horas de campo habría podido hacerlo, pero no era así. De modo que contraté a un amigo que me ayudó y al que pagaba una cantidad mensual. Yo seguía haciendo todo lo anterior; simplemente dividí categorías por edades y, mientras yo entrenaba, mi amigo también tenía otro grupo.

Al cuarto año ya tenía más de cien niños. Tenía cuatro entrenadores a mi cargo y debía enseñarles como quería trabajar, dividir categorías y encargarme de todo lo demás. Por supuesto, había más trabajo administrativo. Debía cobrar, emitir facturas, inscribirlos a torneos, organizar la ropa y lavar los materiales entre otras muchas cosas. En cuanto a la escuela de fútbol, todo funcionaba bien. El único problema era que yo seguía gestionando lo demás y eso me hacía perder muchas horas fuera del campo.

Por supuesto, mientras tenía el equipo, también iba a la Universidad. Estaba estudiando. Al quinto año, la escuela de fútbol llegaría a más de ciento cincuenta niños. No había forma de hacer más categorías por mucho que me lo pidieran. Había limitaciones: no podía aceptar más jugadores en algunas categorías, además de mis complicaciones para administrar todo.

Tenía mucho estrés y cansancio, todo por no contratar a alguien que me ayudara con la gestión. No lo hacía no porque no quisiera, sino porque la mensualidad que me pagaban no daba para más gastos. Desbordado con todo, no me daba tiempo a hacer las cuentas entre gastos, ingresos, materiales y torneos. Me saturé.

Recuerdo que hablaba con un grupo de padres siempre, con los que tenía más confianza y conocían todo lo que hacía a diario. Un día decidieron reunirse conmigo. Para ayudarme, habían sacado la cuenta económicamente de cuanto ganaba y gastaba con la escuela de fútbol. Me dijeron que a este paso no iba a sacar adelante el equipo. Que necesitaba ayuda, porque estaba pendiente de tantas cosas que lo único que tenía al final eran gastos económicos.

Se ofrecieron a ayudarme con la contabilidad y los ingresos, sacaron cuentas y me dijeron que debía aumentar la mensualidad o iba a acabar cerrando. Ese día comprendí que, aunque empecé un proyecto solo y sin pedir ayuda a nadie para no molestar, ese proyecto no se mantendría si no tenía tiempo y energía para pensar en todos los aspectos importantes.

Invertía mucho tiempo en que todo funcionara bien, pero no tenía oportunidad de sentarme a pensar si de verdad era rentable. Mi trabajo realmente no era un trabajo, era un *hobby*, porque me hacía perder dinero aunque lo disfrutaba mucho. Parecía que ganaba lo justo para mantener el equipo algunos meses, pero al final de la temporada, cuando tenía que pagar a los entrenadores y reponer material, era el momento en que debía sacar de mis ahorros, siendo el total más gasto que ingreso.

Sin ayuda no era posible sacar adelante ese proyecto que tan bien estaba avanzando. Y eso nos va a pasar a todos. **Podemos tener proyectos pequeños y gestionarlos solos. Pero si queremos escalar, necesitamos ayuda en algún momento; personas que sepan de algo que nosotros necesitamos. Debemos ser capaces de trabajar en equipo**.

Me costó entenderlo porque no había analizado la importancia de delegar. Si hubiese contratado a alguien para que administrara el equipo, habría tenido más tiempo libre para pensar en cómo ganar más dinero. Es decir, si yo me dedicaba a entrenar y a gestionar menos aspectos de mi escuela de fútbol, habría tenido más tiempo para pensar en gastos e ingresos reales y en una solución al problema.

Estaba tan enfocado en tener a todos los padres y a los niños contentos que se me olvido lo más importante: pensar en el dinero. Me daba vergüenza cobrar más. No porque no quisiera, sino que la situación del país cambiaba mensualmente por la inflación. Y comunicar aumentos de la mensualidad cada mes era inviable en mi mente. En fin, muy mala gestión. Eso sí, hice grandes amistades con personas que valoraron mucho mi trabajo. Me ayudaron y todo avanzó hasta que tuve que dejar el país.

Entonces, ¿el fútbol no me ayudó a entender eso en aquel momento? La verdad es que no. No tuve el enfoque correcto desde joven en ese aspecto. Cuando comprendí que en la vida se necesita ayuda de otros para casi todo, ya había pasado esa etapa. **Por eso es tan importante darle el enfoque correcto a nuestro hijo: para evitar que lo aprenda tarde en un futuro, perdiendo oportunidades**.

Luego de entenderlo, se me hizo fácil acercarme a otros, pedir ayuda y trabajar con otras personas en distintas áreas de mi vida. El problema no era que no quería ayuda, sino que sentía que podía solo. Toda mi vida he trabajado en grupos; el fútbol me lo ha enseñado desde joven, aunque no sabía lo importante que era en los negocios. Para ganar partidos de fútbol entre dos equipos igualados debe haber buen ambiente entre los jugadores y trabajar en equipo, lo que no se aplica en categoría de niños tan pequeños. Ahí la diferencia de nivel se nota mucho más.

Cuando tienes 5 años y eres el mejor jugador del equipo, puedes ganar nueve a cero metiendo ocho goles y quitándoles la pelota a todos los niños. Eso no funciona a medida que creces. Cada uno debe cumplir una función en el campo; lo mismo pasa con los negocios y con la vida. Hay momentos en los que puedes trabajar solo y poner en marcha un proyecto, hasta que acabes necesitando la ayuda de otros.

Aunque no lo entendía cuando era dueño de la escuela de fútbol, dentro de mí tenía la enseñanza aprendida, solo que mal dirigida. En mi familia me enseñaron que yo podía hacer todo lo que quisiera sin ayuda, cosa que agradezco porque, la verdad, siempre he sido muy independiente. **El tema es que no todo se puede hacer solo, o por lo menos no todo lo que aumenta de dificultad. Debemos aprender a delegar, trabajar en equipo y pedir ayuda cuando necesitamos. E incluso, a pedir dinero si creemos que lo valemos.**

El fútbol ha sido la clave de mi reflexión en este aspecto, porque recordé que, aunque mi formación familiar era más independiente, no se podía ganar en este deporte sin ayuda. Puedes hacer cosas en el campo solo, por supuesto. Pero necesitarás a alguien para que cumpla la función que no puedes, porque es imposible estar en todos lados.

A nuestro hijo le debemos enseñar que el fútbol es un deporte colectivo que nos ayuda a entender que no podemos hacerlo todo sin el apoyo de los demás. Algún día él fallará y otros le ayudarán. Otro día será al revés. Debe cumplir una función en el campo, pero no puede hacerlo todo. Y aunque alguno de su grupo pueda ser el «responsable» del gol más importante de un partido perdido, todos han influido en no haber marcado más goles que el rival. Así que deben trabajar en grupo para conseguir los objetivos.

Podrías pensar: ¿y los campeones en deportes individuales? La respuesta es muy fácil. Todos ellos han necesitado un entrenador personal, un nutricionista, un psicólogo, un preparador físico, el apoyo de alguien, etc. **En todo lo que hacemos con una cierta dificultad, sea individual o colectivo, necesitamos la ayuda de alguien para conseguir el objetivo; ya sea como apoyo moral, confiando en ellos, escuchándolos o trabajando en equipo para mejorar**.

En resumen, cuando tu hijo vive estas situaciones deportivas constantemente, se adapta a trabajar en equipo de forma inconsciente. Fortalece lo que aprende en el colegio con los trabajos o actividades grupales, a través de más situaciones en las que debe colaborar con otro para cumplir un objetivo, aceptando a cada uno con sus virtudes y sus defectos.

Y aunque haya fases de su vida en las que tendrá proyectos individuales, si les ha dado el enfoque correcto en el aprendizaje con el deporte le será más fácil pedir apoyo, dejarse ayudar y comprender que lo necesita para avanzar. Además, él será el primero en ayudar a otras personas si entiende el concepto, y eso le puede dar más oportunidades en algún momento de su vida. **Dominar aspectos sociales es clave para cualquier ámbito laboral**. Eso se fortalece con el deporte colectivo en general.

CAPÍTULO 14

La influencia de lo que no podemos controlar

Si piensas en las situaciones complicadas que has vivido y sufrido hace meses o años, en la mayoría de los casos las recuerdas como tonterías que no debieron afectarte tanto. Casi todo lo que nos perjudica emocionalmente está condicionado por personas o factores externos que no podemos controlar. Normalmente, cuando suceden, entendemos que no podemos hacer nada para cambiar las circunstancias y aun así nos influyen de manera importante.

¿Recuerdas cuando llorabas por alguna persona que te hizo daño en algún momento? ¿O si te echaron de algún trabajo? ¿O si te enteraste que un gran amigo tuyo habló mal de ti? ¿O si sentiste que alguien de tu familia actuó mal contigo? ¿O si te han insultado sin saber por qué? ¿O si te han acusado de algo que no hiciste?

Te puedo dar miles de ejemplos de momentos tristes o incómodos, cosas que te han podido suceder y que a la mayoría de las personas les ocurre en algún momento de su vida. Y en todos los ejemplos hay alguna persona que influye en las circunstancias, ya sea de forma directa o indirecta.

En la vida cometeremos muchos errores; es parte del aprendizaje. Y aunque no estamos preparados para fallar, ya sea porque nos importa lo que opinan los demás o por miedo al fracaso, solemos asumir los errores con cierta valentía. Podemos estar tristes por tomar ciertas decisiones desacertadas, pero estamos dispuestos a seguir adelante, rectificar y mejorar la próxima vez. Sucede en la mayoría de los casos.

Lo que a menudo nos cuesta olvidar es la emoción que generan otras personas en nosotros, y muchas veces sin darnos cuenta. Desde nuestra pareja, nuestros recuerdos con otras personas, amigos, familiares o desconocidos. Cualquier persona que genere una emoción en nosotros con una acción o un comentario puede condicionar nuestro comportamiento y sentimiento.

Con la tecnología somos más sensibles a las opiniones de los demás, ya que todos comentan de forma crítica sin importar el daño que puedan causar. Se sienten con el derecho de decir lo que crean aunque sea una información falsa o una interpretación errónea. Hay tanta libertad de expresión para decir cualquier tontería sin tener consecuencias, que es inevitable cambiar algunas circunstancias.

Debemos estar preparados, dentro de lo posible, para cualquier situación que pueda ocurrir. Tenemos que fortalecer nuestras emociones, tener la capacidad de ignorar cosas que leemos o escuchamos de forma negativa sobre nosotros e injusticias que no podemos controlar ni cambiar. Debemos escuchar a las personas que intentan ayudarnos de forma correcta e ignorar al resto.

El punto de reflexión es: ¿podemos hacer algo para cambiarlo? **Si hay personas que hacen o dicen cosas de una forma que nos perjudica emocionalmente, solo nos queda pensar en si podemos controlar la situación y cambiar las circunstancias o no.** En la mayoría de los casos, reaccionar emocionalmente a una situación injusta (desde nuestra perspectiva) y condicionada por otros suele traernos más consecuencias que beneficios. Por lo tanto, es mejor ignorar.

Esta situación se vive constantemente en el deporte. Imagínate que estás jugando un partido de fútbol y el árbitro está condicionando las situaciones del partido. Pita faltas a favor de los rivales, se equivoca constantemente en contra de tu equipo, te hacen falta y no las pita. ¿Qué emoción crees que genera eso en una persona?

Cuando sientes que algo es injusto, claramente te molestas. ¿Y qué sucede en esos casos? Cuando sentimos tantas injusticias o creemos que el árbitro se equivoca de forma consciente, empezamos a reaccionar a esa emoción que nos genera la decisión de otras personas. Nuestras acciones empiezan a ser emocionales y no racionales.

Está claro que el árbitro puede condicionar un partido, sí. Pero ¿qué crees que pasará cuando realmente te pongas en su contra? No puedes insultarle porque te echará del partido. En el campo, él es la máxima autoridad en cuanto a las reglas del juego. Tampoco puedes reclamarle todo de forma muy negativa porque, aunque quizás no te expulse, se pondrá en tu contra.

Cuando un jugador se pone muy insistente reclamando faltas al árbitro o molestándole, lo que generan el 90% de las veces es el efecto contrario a lo que esperaban. Un árbitro sabe que es el líder en el campo. Por mucho que queramos que cambie lo mal que puede estar pitando, la mejor forma no es hacerle sentir que es el culpable y que lo está haciendo mal. Dentro de su mente siente que está tomando las decisiones más justas (casi siempre). Si te enfrentas a él, sueles generar que efectivamente vaya a por ti.

Piénsalo. Si eres el líder y una persona te empieza a molestar en tu trabajo, tú sientes que lo estás haciendo bien y él sigue molestándote o generando cierta tensión por sus gestos o comentarios... ¿qué harás cuando sientas que él realmente se equivoca en un momento oportuno? Tomar acción en su error y disfrutar del momento.

Es decir, hablando de fútbol, si te han molestado mucho las decisiones de un árbitro y, por no controlar las emociones, le das una patada a un rival de una forma inadecuada, habrás influido tanto en él que seguramente te acabe expulsando. **Cuanto más llames la atención, más fácil será reconocer cuándo te estás equivocando. Y aunque sea un error leve, el árbitro puede decidir cómo sancionarlo**.

Le habrás dado un motivo para sentir que te está dando una lección. Eso me ha pasado a mí como futbolista y no te imaginas cuánto me ha enseñado. Los árbitros son las personas más influyentes en las emociones de los niños, jóvenes y adultos durante un partido de fútbol. Sacan la peor versión de nosotros. Y no siempre son los culpables. Es cierto que muchos se equivocan, pero ¿quién no se equivoca? Es difícil estar pendiente de todos los detalles y acertar en unos micros segundos. Aunque también es inevitable molestarnos cuando nos perjudica.

Y pensarás: «*no es justo, un árbitro debe tomar las medidas justas en cada situación*». Sí, la mayoría lo intenta. Lo que quiero que entiendas es que, cuanto más molestes a quien tiene autoridad o libertad para decir o hacer cosas, más rápido lo complicas todo.

El árbitro genera tantas emociones en las personas que los jugadores pueden sacar su peor versión. Los entrenadores pueden perder la paciencia, los padres pueden llegar a insultar desde afuera del campo, el público en un estadio los amenaza... Sin duda alguna, es un trabajo muy complicado y mal remunerado.

Eso sí, el que nunca ha jugado fútbol y ha tenido una crianza negativa, sin una formación adecuada y sin esa experiencia deportiva, es capaz de amenazar a una persona cuando se equivoca por la poca tolerancia que tiene. No es sano y tampoco debería estar permitido. No son conscientes de lo que es el deporte porque lo llevan todo a lo radical; su vida suele ser conflictiva. En cambio, los que hemos jugado fútbol y recibido una crianza adecuada, entendemos que ellos pueden fallar racionalmente, aunque nos moleste.

No significa que cualquiera que haya jugado fútbol respetará a los árbitros y a las demás personas mejor que los que nunca han jugado. Lo que quiero decir es que, cuantas más experiencias, emociones y situaciones de este tipo vive una persona con el deporte, más fácil es entender que no puede controlar ciertas cosas y aprender a tolerar mejor las situaciones.

Es decir, comprendes que debes aceptarlo, sufrirlo y seguir adelante, aprendiendo a controlar las emociones en momentos complicados. **Saber controlar una emoción lo suficiente como para reaccionar de forma reflexiva y positiva nos da más oportunidades de conseguir objetivos y cometer menos errores.** Las emociones nos impulsan a hacer lo que sentimos. Si dominamos las negativas, encontraremos el camino correcto para avanzar positivamente.

Si permites que los errores o las decisiones de una persona influyan de forma negativa en tus emociones, hasta el punto en que decidas responder sin pensar, traerás con frecuencia más consecuencias negativas. Esto sucede de muchas maneras. Seguro que lo has vivenciado en algún momento. Como cuando vas conduciendo y, de repente, una moto se mete en tu carril y debes frenar de golpe. Hay personas que acaban a golpes solo por responder negativamente a esa situación y emoción.

Yo también he sufrido en circunstancias, como el amor, con amistades o al ser acusado de cosas que no he hecho. Es duro sentir que la vida está siendo injusta con nosotros porque, en nuestra mente, hemos hecho nuestro mejor esfuerzo en todas las circunstancias. Admito que hubo momentos que no fueron fáciles, pero entendí que, lo que no lo podemos controlar ni cambiar, debemos olvidarlo cuanto antes. Como las decisiones arbitrales.

He llegado a perder una final de fútbol por errores de un árbitro. Y ese día lloré, lo sufrí y al poco entendí que no podía cambiar nada, aunque sí valorar las cosas buenas que hice. Eso tiene más peso y me ha ayudado a darle la importancia justa a las circunstancias complicadas que se me han presentado. **No me aferro a nada porque en la vida, como en el fútbol, las cosas pueden cambiar de la noche a la mañana y de la forma que menos esperas.**

Cuando no has vivido este tipo de emociones, nos cuesta más olvidar todas las cosas que hacen esas personas de nuestro alrededor y que nos influyen emocionalmente. Guardamos ese rencor dentro porque somos poco tolerantes a decepciones y emociones negativas. Y lo peor: es probable que en algún momento reaccionemos inadecuadamente.

Nos cuesta entender cómo una persona puede equivocarse hacia nosotros, pero olvidamos las veces que nos hemos equivocado con los demás. O, en ocasiones, creemos que nuestros errores son más aceptables que los errores ajenos. No siempre es así. A veces no somos objetivos y, para serlo, hace falta tener experiencias que nos permitan reflexionar.

En conclusión, si tu hijo juega algún deporte, tendrá que acostumbrarse a decisiones erróneas de los árbitros, entrenadores y jugadores. Sobre todo en el fútbol, donde la interpretación es relativa y las personas opinan de acuerdo a su conveniencia. Eso le ayudará a crear su propio criterio de lo que le parece injusto o justo. Opinará, se molestará, cometerá errores y aprenderá de ello.

Ahora bien, **si refuerzas su emoción negativa y le dices que los árbitros son los responsables de todo lo que sucede un partido, generarás el efecto contrario. En el fútbol se aprenden muchas cosas, pero pueden ser buenas o malas según el enfoque.**

Hay padres que lo primero que hacen es gritar al árbitro e insultarle cuando se equivoca o perjudica al equipo de su hijo. Los verás a menudo: suelen estar en las gradas un poco apartados del resto, solos o con otras personas parecidas, tensos por el partido y sufriendo cada situación. Si eres ese tipo de padre, tendrás que cambiar tú antes de enseñarle a tu hijo que hay circunstancias que no puede cambiar en su vida y que debe aceptarlo.

Sé lo duro que es vivir un arbitraje en contra. He cometido muchos errores como jugador por ello, y he aprendido de eso con muchas reflexiones. Y en casi todas las oportunidades, ponía al árbitro en mi contra por responder de forma negativa. En alguna ocasión puntual acabé expulsado. Otras veces cometí más errores deportivos por perder la concentración.

Siendo entrenador he vivido algunas circunstancias similares. Cuando el árbitro comete varios errores suelo calmar a mis jugadores; entiendo los fallos. Pero alguna vez me he molestado. Soy un ser humano, con sus emociones. Cuando algo me parece injusto suelo molestarme. La diferencia es que, aunque pueda reclamar por ciertas decisiones dudosas, soy capaz de controlar mi emoción para evitar problemas más grandes. Ya lo viví de jugador, lo aprendí y lo entendí para mi vida.

Enséñale a tu hijo que, cuando un árbitro se equivoca y su decisión influye negativamente en el partido, es algo similar a lo que vivirá en la vida, donde habrá muchas personas que condicionarán las situaciones y harán cosas que no podemos controlar. Y, por muy injusto que nos parezca, debemos controlar la emoción para olvidarlo rápido y evitar mayores problemas. Recuérdale que en alguna ocasión también saldremos favorecidos. De esos momentos favorables no solemos reflexionar ni hablar, y son tan importantes como los otros.

CAPÍTULO 15

Lo más importante

Sé que este tema debería ser lo primero del libro, pero si has llegado hasta aquí es porque consideras que mi opinión tiene sentido con respecto a los beneficios que el fútbol puede dar a tu hijo en diferentes aspectos y etapas de su vida. Aunque pensemos diferente sobre un mismo tema, nos entendemos en casi todos los puntos porque se trata de sentido común. El problema es que, a veces, lo obvio pasa desapercibido por las emociones o nuestras rutinas.

Este libro no trata de nuevas estrategias de formación; tan solo es una reflexión sobre el ejemplo que damos a nuestros hijos con el deporte. Como he mencionado a lo largo del libro, **si en una misma situación deportiva damos diferentes refuerzos a nuestros hijos, el aprendizaje será diferente; tanto de forma positiva como negativa**.

Por mucho que aparezcan cosas de sentido común durante la lectura, a veces olvidamos que debemos dar el refuerzo adecuado y en el momento oportuno para que sirva como aprendizaje significativo para nuestros hijos. Si nos dejamos llevar por la emoción del momento, estaremos transmitiendo lo contrario. Recuerda: el enfoque que le damos a una situación es lo que nos permite tomar una mejor o peor decisión. Así funciona todo en la vida.

He visto partidos de fútbol en que los niños pierden por circunstancias puntuales y los padres se pasan todo el día culpando al árbitro de las decisiones o al entrenador por los cambios. El niño recibe esa información de la persona que más quiere y en la que más confía. ¿Qué crees que pasará por la mente del niño? Pensará que su padre tiene razón, criticará al árbitro o al entrenador y solo aprenderá a buscar responsables cuando las cosas no salen bien. ¿Te parece justo que reciba esa información? Creo que no.

Por lo tanto, todo lo que he dicho en este libro nos debe servir como reflexión, pensando en lo que debemos hacer como padres y así conseguir enseñar valores a nuestros hijos, enfocando su formación con circunstancias deportivas. Y no para hacer como hacen algunos, dejándose llevar por las emociones y enseñando a buscar culpables de malos resultados, escapando de las responsabilidades.

Así pues, el primer punto importante para tener en cuenta es que **debes entender que todo lo que haces como padre, en cualquier ámbito o área de tu hijo, tiene una influencia positiva o negativa según lo que él experimente y el enfoque que le des**. Es decir, si tu hijo mete 3 goles, juega muy bien y está feliz, y tú en vez de felicitarle le preguntas por qué falló otros 2 goles, harás que pierda la felicidad y no será capaz de reconocer cuando hace las cosas bien. Todo es cuestión del enfoque.

Otro punto importante a tener en cuenta es que, por mucho que te explique los beneficios que me ha dado el fútbol, **en el deporte en general se pueden dar experiencias, situaciones y emociones**

similares. El fútbol ha sido mi formación, mi aprendizaje y mi vida. Pero todo se puede llevar al aprendizaje a través del enfoque.

Partiendo de esta idea, **si a tu hijo no le gusta el fútbol, ¡NO le obligues a jugarlo!** Hay muchos deportes que puede hacer y que le ayudarán a aprender en base a experiencias. Obligarle a jugar un deporte que no le gusta causará el efecto contrario en su enseñanza.

Tu hijo debe jugar al fútbol si es algo que le encanta. Así experimentará todas las emociones de forma adecuada. Si no le gusta, todo lo que suceda le dará igual y el aprendizaje no será significativo. En cambio, si tu hijo no sabe qué deporte le gusta, puedes probar a meterle en fútbol y ver si le acaba gustando o no. Cuando son jóvenes muchas veces no saben lo que quieren. A medida que empiezan a probar, identificarán si les gusta o no. **Aunque queramos tener un futbolista en la familia, obligar no es el camino correcto**.

¿Qué pasa si a tu hijo le encanta la música, o pintar u otra actividad artística? No pasa absolutamente nada. Todos los deportes y actividades tienen sus puntos fuertes y de enseñanzas para la vida. Tendrás que reflexionar acerca de dónde están esos puntos en la actividad que realiza. Y, cuando vengan los problemas, pensar cuál sería la mejor estrategia para enseñarle algo que creemos correcto.

El deporte colectivo, es decir, con varias personas involucradas, permiten tener muchas experiencias de distintos tipos, tanto personales como deportivas. Es lógico. Cuantas más personas participan, más estímulos condicionan las emociones. En cambio, las actividades individuales y sin una competencia evidente suelen ser situaciones y vivencias que dependen de la persona que las realiza.

Por eso me encanta en fútbol y he aprendido tantas cosas gracias a él. ¿Quién no sabe de fútbol? Es un deporte muy criticado, soñado, cotizado y valorado por la sociedad. Se vive con mucha pasión. Cuando tantas personas pueden opinar de algo creyéndose expertos, cada debate crea tensión y diferentes opiniones. Eso se transforma en más experiencias, aunque no siempre sean positivas. Como comenté en un capítulo, **el fútbol también puede sacar nuestra versión más crítica o negativa.**

¿Crees que en la vida no habrá momentos complicados en los que saquemos una versión negativa de nosotros? Claro que sí. Todos lo llegamos a vivir en algún punto. Y entiendo que ninguna situación va a ser igual a la anterior. Podemos pasar momentos complicados, aprender de ello y en una nueva situación más difícil o diferente no saber cómo reaccionar. Sin embargo, cuantas más experiencias y situaciones de diferentes tipos hemos vivido, más herramientas tenemos para reaccionar ante diversas circunstancias.

Ahora bien, ¿te he convencido de que el fútbol puede llegar a ser importante para la formación personal y profesional de tu hijo? Espero que transmitas los valores ideales en cada situación. Han sido varios capítulos en los que te cuento mis experiencias y mis aprendizajes, pero también he aprendido de muchas experiencias de otras personas. Este es otro punto muy importante. **Lo que tiene el fútbol es que te**

rodeas de tantas personas a lo largo de tu formación que acabas viendo errores de otros y aprendiendo de ellos. Dime si no es genial.

¿Recuerdas la última vez que tu hijo llegó a casa y te contó algo que un niño en el colegio hizo mal? Puede que no lo hayas vivido todavía, pero te pasará. Y si lo has vivido, imagínate tener más experiencias así con el fútbol. Cuantas más situaciones tenga en su mente, más oportunidad tienes como padre para reforzar cosas positivas en cuanto a tu criterio de formación. De los errores ajenos se puede aprender mucho.

Conozco personas que me han dicho alguna vez: *«en la vida solo aprendemos con los golpes propios»*. Ya te digo yo que eso no es así. He aprendido mucho por errores de otros. Es cierto que nuestros fallos crean un aprendizaje significativo, porque conocemos las consecuencias mejor que nadie. Pero también podemos ver lo que sufren los demás, pensar qué se pudo evitar y tomarlo como aprendizaje de vida.

Por último, ¿conoces los beneficios del deporte en general para el organismo? Sí, sé que es algo que no he mencionado porque nos lo dicen mucho desde pequeños. Todos sabemos que el deporte nos ayuda a muchas cosas, como mejorar la forma física, perder peso, fortalecer los músculos, tendones, ligamentos, articulaciones.... En otros aspectos, ayuda a la concentración, mejora la autoestima, etc. No me voy a extender en los beneficios generales del deporte porque no es la esencia de este libro, aunque no está de más recordarlo.

¿Qué más necesita tu hijo para complementar su crecimiento? Creo que, si llegaste hasta aquí, es porque te he convencido en la formación deportiva para la vida desde otros puntos de vista que nadie comenta. **Estoy seguro de que muchas personas han aprendido acerca de la vida gracias al deporte. El detalle es que la mayoría nunca ha reflexionado en que éste pudo ser el efecto de muchos aprendizajes vitales, porque nadie nos lo enseña.**

Incluso tú. Si hiciste deporte desde joven, piensa en las experiencias que viviste, los momentos y las circunstancias que tuviste que superar y dime si crees que eso influyó en algún pensamiento que tienes actualmente. Estoy seguro de que, si reflexionas, encontrarás varios ejemplos. Que no seamos conscientes de ello no significa que no haya aportado un valor importante en nuestro crecimiento. Y pensar en ello y en los momentos que hemos superado nos puede ayudar a resolver situaciones y emociones negativas.

Quiero resumirte lo que me parece más importante de este capítulo, pues es lo primero que debes recordar antes de tomar cualquier decisión con tu hijo:

1. **La forma en la que enfocas las circunstancias que vive tu hijo es la diferencia entre una formación positiva o negativa.** Él puede aprender cosas para la vida solo, y lo hará. Los aprendizajes individuales serán más importantes que muchas otras cosas. Pero tu refuerzo puede ser determinante para su formación, pudiéndole servir en momentos de su vida en que deba tomar decisiones complejas.

2. **Si a tu hijo no le gusta el fútbol, no lo obligues a jugarlo.** Muchos deportes tienen el mismo aprendizaje si se sigue el enfoque correcto. El fútbol ha sido mi experiencia, mi aprendizaje y mis circunstancias, pero cada uno debe experimentarlo y estar en el sitio que más le gusta. No se aprende de la misma manera haciendo algo que no nos gusta, porque no estamos involucrados al 100%, ni mental ni físicamente. Así que deja que elija el deporte que quiere y adáptate para enseñarle cosas de la vida.

3. **Lo positivo de los deportes en equipo es que, cuantas más personas conoces, más oportunidades de aprendizaje tienes.** Cuando te rodeas con tantos, los errores de los demás pueden servir de lección. En muchos deportes en equipo se pueden presenciar circunstancias similares. Ahora, si a tu hijo le gusta otro tipo de actividad, tendrás que adaptarte con él y conseguir el equilibrio entre lo que hace y las enseñanzas que le puedes dar. Siempre habrá momentos complicados en cualquier actividad que haga, de una forma u otra.

4. **El deporte tiene muchos beneficios.** Son tantos y tan importantes que estás casi obligado a que tu hijo haga alguna actividad. Incluso cuando somos adultos, necesitamos actividades en nuestra vida, ya sea por placer, para salir de la rutina o por el estrés del trabajo. Y aunque un niño no lo entienda, es más fácil hacer deporte o volver a él si lo has hecho desde pequeño. De lo contrario, suele ser más difícil crear una rutina. Incentívale y encuentra lo que le gusta.

Sé que quieres ser un buen padre o una buena madre. Que hayas leído este libro demuestra que tienes pensamientos similares en muchas ideas y en cuanto a la formación para los más pequeños de la casa. Usa estas herramientas para guiarle en el aprendizaje, con tus experiencias y con tus creencias. Lo que yo he aprendido y te he transmitido son ideas según situaciones, pero es tu hijo; tú decides lo mejor que quieres para él o ella.

¡Te deseo grandes éxitos!

¡Muchas gracias!

IMPORTANTE

Muchas cosas de este libro son de sentido común, pero resultan ser poco aplicables en la sociedad. El fútbol no deja de ser un deporte. Cada quien lo vive y experimenta de diferentes maneras. Te he enseñado todas las cosas que me han servido para mi crecimiento personal, profesional y para todos los aspectos de mi vida. Es posible que tu hijo entienda las enseñanzas si le das el enfoque correcto, e incluso, quizás aprenda más cosas de las que yo aprendí porque va a tener un guía a su lado.

Y aunque el libro esté enfocado en la formación de nuestros hijos, algunas cosas quizás puedan servirte para tu vida. Si somos ser capaces de ver más allá de los problemas, reflexionar y enfocar las energías en las soluciones, tendremos muchas probabilidades de conseguir lo que queramos.

Por favor, déjame una reseña en Amazon y cuéntame qué te ha parecido. Esto me ayudará para seguir aportando valor a más personas. ¿Qué es lo que más te ha gustado? ¿Algo que haya faltado? ¿Añadirías o quitarías alguna parte?

Si te ha gustado el libro, pon en práctica todo lo que te parezca interesante, dale el enfoque correcto, observa los resultados con tu hijo, y en unos años me cuentas.

Si tienes alguna duda, contáctame: **alvarofutboles@gmail.com**

O visita mi web: **www.alvarofutbol.com**

O a través de las redes sociales:

@alvarobram @alvarofutboles